丛书编委会

总　策　划：来新国　王文成

编委会主任：郭齐勇　周晓亮

编　　　委：来新国　陈知涯　张　彧　尹格韬　沈　众

王文成　孟淑贤　周长志　罗养毅　秦　丹

乌　琛

大家精要

章太炎

王林 著

陕西师范大学出版总社

Zhang Taiyan

图书代号 SK16N1504

图书在版编目（CIP）数据

章太炎/王林著.—西安：陕西师范大学出版总社有限公司，
2017.5（2024.1重印）
（大家精要）
ISBN 978-7-5613-8875-4

Ⅰ.①章… Ⅱ.①王… Ⅲ.①章太炎（1869—1936）—
传记 Ⅳ.①B259.25

中国版本图书馆CIP数据核字（2017）第045751号

章太炎 ZHANG TAIYAN

王 林 著

责任编辑	郑若萍
责任校对	陈柳冬雪
封面设计	张潇伊
出版发行	陕西师范大学出版总社
	（西安市长安南路199号 邮编710062）
网 址	http://www.snupg.com
印 制	永清县晔盛亚胶印有限公司
开 本	650 mm×930 mm 1/16
印 张	10
字 数	100千
版 次	2017年5月第1版
印 次	2024年1月第2次印刷
书 号	ISBN 978-7-5613-8875-4
定 价	45.00元

读者购书、书店添货或发现印刷装订问题，请与本公司销售部联系、调换。

电话：（029）85303879 传真：（029）85307864 85303629

目　录

第 1 章

读书精勤，晨夕无间

家世与庭训

章太炎，初名学乘，后改名炳麟，字枚叔，成年后因羡慕顾炎武之为人，改名绛，别号太炎，其他笔名、别号甚多。清同治七年十一月三十日（1869 年 1 月 12 日）生于浙江余杭县东乡仓前镇。

章太炎生于读书世家。曾祖父章均，入县为增广生。其家产上百万，乐善好施，曾捐出三万缗巨款在余杭创办苕南书院。又置田千余亩，建立章氏义庄，凡族中孤寡废疾老弱者，每月发给粟米，贫者婚丧嫁娶给予资助，开办义塾教族人子弟读书。祖父章鉴，入县为附贡生，援例得国子监生。收集有宋、元、明旧版书五千卷，每日督促子弟习读。妻子生病被庸医误诊致死，章鉴遂发愤读医书，终成当地名医。父亲章濬，字轮香，早年因家中多藏书，得任意阅读。太平军入浙，仅携一本家谱外逃，从此家无余财，仅有田地一顷。咸丰七年（1867），章濬进入杭州知府为幕宾，后辞职还乡，在余杭担任县学训导，与余杭知县刘锡彤交往甚密。后因卷入轰动一时的"杨乃武与小白菜"案，被革除训导一职。此后章家虽大不如从前，但仍能维持温饱，书香未断。

章太炎自幼就受到良好的启蒙教育。祖父、父亲的教诲自不待言，而他的外祖父朱有虔对他影响尤大。朱有虔是浙江海盐人，其家世、门第、学问都胜过章家。光绪二年（1876），朱有虔来到余杭，开始对章太炎进行严格的汉学训练，对古代经书，从声音、文字入手，由训诂以求义理。四年下来，为章太炎打下了初步的汉学功底。光绪六年朱有虔回到海盐，章太炎改由父亲亲自课读，大哥章篯兼作辅导。

光绪九年（1883），16岁的章太炎奉父命参加县试，因患眩厥症而作罢。从此，他再未也参加过科举考试，他读书范围进一步扩大，除经学外，还涉猎史传，浏览《老子》《庄子》等。

从光绪十一年（1885）起，在大哥章篯的指导下，章太炎开始阅读顾炎武的《音学五书》、王引之的《经义述闻》、郝懿行的《尔雅义疏》，深有所得。此后，他一意读经，文必法古，虽眩厥未愈，但读书精勤，晨夕无间。从光绪十二年开始，章太炎用两年时间读完了《学海堂经解》（又称《皇清经解》）。这部书汇辑了从清初到嘉庆年间治经著作共74家，188种，408卷。之后，他又通读了光绪年间刊刻的《南菁书院经解》（又称《续皇清经解》）。此书是前一部书的续编，收录著作110家，209种，共1430卷。这两部大书使章太炎接受了清代经学的最高成就，为他以后治学奠定了坚实的基础。

名师高徒

光绪十六年（1890）章太炎的父亲去世。为了在汉学方面得到进一步的深造，他离开家乡到杭州，进入了著名的诂经精舍。

诂经精舍是清嘉庆年间由浙江巡抚阮元创建的，太平天国时期毁于战火。咸丰六年（1866）重建，由著名经学大师俞樾主持。章太炎的父亲章濬曾在诂经精舍担任多年监院，章太炎进入诂经精舍读书可能是遵循父亲的遗训。

诂经精舍与一般的书院不同，它不以科举为目的，而是要培养汉学家。精舍的日课分句读、抄录、评校、著述四类，前两类的内容由老师指定，后两类内容学生可自己选择。每月两次考查，成绩优秀者可得到奖励，课卷可编入《诂经精舍课艺文》，刊刻印行。

诂经精舍的院长俞樾，字荫甫，号曲园，先后做过翰林院庶吉士、翰林院编修、河南学政。罢官后专攻汉学，先后主讲于杭州紫阳书院、上海求志书院、德清清溪书院、归安龙湖书院，任杭州诂经精舍院长长达三十一年。俞樾的学术成就涉及多个方面，尤以经学和诸子学最为突出，主要著作有《群经平议》《诸子平议》《古书疑义举例》等，著述五百余卷，以《春在堂全书》传世。俞樾在整理古籍方面也很有成绩，总办浙江书局，分刻"二十四史"，精刻"二十二子"，海内称为善本。俞樾晚年足迹不出江浙，声名溢于海内，甚至有日本文士前来拜师求学，或寄书求教，其学问和影响之大可见一斑。

章太炎在诂经精舍学习八年，得俞樾真传，打下了深厚的经学和诸子学功底。除俞樾外，章太炎还向当时著名的学者谭献、黄以周、高学治等问学，受益良多。谭献，字仲修，浙江仁和人，同治举人，曾在安徽全椒、怀宁等县做过知县，主持过武昌的经心书院。谭献是位博学多才的学者，尤以文学知名于世，文章有魏晋风格。章太炎早期作文模拟秦汉文风，后转向仿效魏晋风格，就是受谭献的影响。章太炎每有文章，多呈谭献批阅审定。黄以周，字元同，浙江定海人，曾主持江阴南菁书院十五年，以研究"三礼"（《周礼》《仪礼》《礼记》）见长，著有《礼书通故》一百卷。章太炎对《礼书通故》评价甚高，认为可与杜佑的《通典》相比。章太炎治学重视"三礼"，勤读《通典》，都得益于黄以周的教诲。高学治，字宰平，浙江仁和人，当时年逾七十，仍治学不辍。他告诫章太炎治学必须严谨，尤其应当注意操行，这对章太炎一生影响甚大。

在众多名师的指导下，章太炎在诂经精舍学业大进，表现优异，多篇课艺被刊刻印行。光绪二十一年（1895）刊刻的《诂经精舍课艺文七集》，共选65人207篇诗文，其中有章太炎的文章17篇；光绪二十三年刊刻的《诂经精舍课艺文八集》，共选56人159篇诗文，有章太炎的文章21篇。就入选数量而言，章太炎的文章最多。就内容而言，这38篇课艺，涉及"三礼"、《春秋》三传（《春秋左氏传》《春秋公羊传》《春秋榖梁传》）及《尚书》《尔雅》《易经》《论语》《孟子》等多个方面。从这些课艺中可以看出，章太炎无疑是诂经精舍最优秀的学生，在研究"三礼"、《春秋》三传方面成绩最为突出。章太炎后来之所以能成为国学大师，与他在诂经精舍八年的名师指导和个人苦学是分不开的。

清代学者戴震论学有三难：淹博难、识断难、精审难。现代学者许寿裳认为，三百年来，兼此三长者，唯有章太炎一人。这虽然是学生对老师的评价，但也并非过誉之词。章太炎在诂经精舍不仅广求名师，遍读群经，更重要地是遵循了一套实事求是的治学方法。他论治学方法，谨言不苟，共有六条：一是审名实，二是重佐证，三是戒妄牵，四是守凡例，五是断情感，六是汰华辞。并断言：六者不具，而能成经师者，天下无有。这六条不仅是成为经师的基本条件，扩而广之，古往今来凡在学问上有所成就者概莫能外。

光绪二十三年（1897）一月，苦学八年的章太炎受外界变法思潮的影响离开诂经精舍。从此，章太炎走上了与其师截然不同的学术和人生之路，他不再以经师著称于世，而是成为"有学问的革命家"，其对中国政治、学术的影响远非其师所能相比。由于师徒之间的思想差距越来越大，终于有一天，师徒"反目"，章太炎来了一篇令江南学界轰动的《谢本师》。事情的经过是：光绪二十四年十二月，章太炎因逃避清廷追捕，前往台湾，而当时台湾正被日本占领。之后，章太炎又去了日本东京，与梁启超、孙中山接触。光绪二十六年回到上海后，又公开剪去发辫，与清廷决裂。章太炎的这些革命行动，引起俞樾的不满。当章太炎拜访老师时，俞樾非常生气。斥责他游历日本人占领的台湾，背弃父母陵墓，是为不孝；公开抨击朝廷、攻击政府，是为不忠。不忠不孝，非人类也，人人可鸣鼓而攻之。语气之凌厉，前所未有。已经立志反清革命的章太炎自然不能接受这种批评，于是在《谢本师》中对其师反唇相讥。他说老师既治经学，又素博览，为何为豺狼般的清王朝辩护？莫非是因为食其廪禄、得到了什么好处了？此文当时并未发表。直到光绪三十二年（1906）十一月才刊登于《民报》第九号上。一般认为，章太炎以此文表示与乃师断绝关系，其实并没有那么严重。此文极短，一个"谢"字，在此可作"推辞""辞谢"或"谢绝"来讲，就本意而言，就是不接受老师的批评而已，师生感情并未中断，至于言辞不敬，这也是章太炎直来直去的一贯风格。

晚年的章太炎对老师还是念念不忘。据章太炎的弟子陈存仁回忆，有一次，章太炎到杭州，第二天清晨就穿上马褂，同他一起带着香烛水果去俞樾的故居凭吊老师。可到了曲楼，开门的一位老妇人硬不让进。章太炎并未发火，而是坐在门外土墩上大讲其早年在此读书的情景，并说为了祭拜老师，应该"立雪"，多等几个时辰是没有关系的，但是无论如何要进去拜祭一下。两个时辰以后，有一个中年人走出，章太炎就诚诚恳恳地向他说明来意，那人说，曲园已数易其主，屋内没有一个是姓俞的。章太炎乃要求到园子里浏览一下，得到允许。在庭院中，章太炎为陈存仁一一指点旧物，并点起香烛行三跪九叩礼。来到他旧时读书处，还准备写几个字，因主人无纸，只得在墙上题了两首诗，黯然而别。其情其景，令人感动。

初试锋芒

　　章太炎在诂经精舍取得的学术成就，主要是撰写了《膏兰室札记》和《春秋左传读》两部书。《膏兰室札记》原稿四册，现存三册，共 474 条，其中考释诸子著作 350 余条，考释经书者 80 余条，其余约 40 条是考释史书、韵书与纬书。章太炎在此书中，对前人较少注意的《管子》《墨子》《韩非子》《吕氏春秋》《淮南子》《荀子》关注较多，反映出他在诸子学研究方面的新趋势。该书还广泛利用他当时接触到的西学知识，对许多前人疑惑不解或众说纷纭的文字作出了新的解释。《膏兰室札记》一书表明，章太炎在古文字音韵、古代文献方面已有深厚的功底，对于训诂考证等治学方法已经能熟练地运用。

　　《春秋左传读》是章太炎研究经学的著作。经学是指汉代以后的儒学，因汉武帝独尊儒术而成为统治思想，被称为"经学"。由最初的五经（《诗经》《尚书》《礼》《易经》《春秋》）发展到十三经，即《诗经》《尚书》《周礼》《仪礼》《礼记》《春秋公羊传》《春秋穀梁传》《春秋左氏传》《易经》《论语》《孟子》《尔雅》《孝经》。清代的《十三经注疏》就是集历代注经之大成的著作。经书由于传抄的文字和释义不同，自汉代起就有经今古文之争，尤以《春秋》三传为争论焦点。今文经学的主要经典是《春秋公羊传》，最著名的经学大师是董仲舒；古文经学的主要经典是《春秋左氏传》，最著名的经学大师是刘歆。清代中期以后，今文经学复兴，庄存与、刘逢禄、宋翔凤等人借阐发《春秋公羊传》中"微言大义"来议论政治，呼吁改革，并贬低古文经，康有为在光绪十七年（1891）刊布的《新学伪经考》更是直攻《左传》是刘歆为了帮助王莽篡权而编造的一部伪书。章太炎正是在这种背景下开始了对《左传》的深入研究，经过五六年刻苦努力，终于写成了《春秋左传读》这部五十多万字的大书。

《春秋左氏传》共分九卷，有杂记九百条，还有《左传读续编》若干条。在此书中，章太炎首先利用他丰富的古文字和古文献学知识，对《左传》中各种难解或歧异的古言古字、典章名物进行了诠释。其次，他对《左传》体例、叙事和立论所蕴含的本义进行了疏证。在此基础上，章太炎辨明《左传》并非刘歆伪造，《左传》的传授系统也并非虚构，对今文经学家非难和攻击《左传》及刘歆的言论一一进行了驳难。章太炎在此书中还对《春秋》三传以及《左传》与其他古代典籍进行比较研究，在《公羊传》《穀梁传》及其他古代典籍方面，提出了许多创见。

《膏兰室札记》和《春秋左传读》是章太炎早期研究诸子

学和经学的著作，基本上还是遵循汉学家从音韵、文字、训诂入手，进行考证辨析的老路，虽有新见，但牵强疑滞之处也不少。他将《春秋左传读》呈献老师俞樾，俞樾摇头说，虽新奇，未免穿凿，后必悔之。章太炎后来对该书也评价不高，认为尚多凌杂，中年以后，系删不用，独以《春秋左传读叙录》和《刘子政左氏说》行世。这当然与他中年以后的思想转变和学术境界有关。不管怎么说，这两部书是章太炎青年时期勤学苦读的见证，是未来的国学大师送给学术界的见面礼。

第2章

七次被追捕，三次入牢狱

1936 年 6 月，章太炎在苏州病逝。他的学生鲁迅抱病写下了一篇《关于太炎先生二三事》，对章太炎一生作了盖棺论定式的评价。其中有几句系传诵至今的名言："考其生平，以大勋章作扇坠，临总统府之门，大诟袁世凯的包藏祸心者，并世无第二人；七被追捕，三入牢狱，而革命之志，终不屈挠者，并世亦无第二人：这才是先哲的精神，后生的楷范。"知师莫若徒，鲁迅的上述赞语正是对章太炎革命业绩的经典概括，也道出了章太炎一生最令人钦佩和敬仰之处。

以天下之大，仇一匹夫

章太炎一生多次被清政府、国民政府追捕、通缉。这其中有些很惊险，有些也很可笑。有些是真要置他于死地，有些只是威吓他闭口。从这些带有几分传奇色彩的追捕与逃亡的较量中，我们既能看出章太炎坚定的革命信念和气节，也能看出当局的昏庸和无能，同时也多少显露出章太炎独特的性格。

光绪二十三年（1897），而立之年的章太炎进入时务报馆，开始从事政治活动。由于与康有为弟子不和,在发生一次群殴后愤然离开。之后,章太炎又参与创办《经世报》《实学报》《译书公会报》。次年 2 月,他上书总理衙门大臣李鸿章,提出了一些内政外交的建议,未被理睬。4 月,他又去武昌见湖广总督张之洞,也未受重用。两次碰壁的经历,使章太炎对清政府越来越失望,反清革命的信念日益增强。9 月 21 日,戊戌政变发生,9 月 28 日,谭嗣同等"六君子"遇害。章太炎满怀悲愤地写下了《祭维新六贤文》,热烈赞颂维新志士的斗争精神。虽然,章太炎不是变法的主角,但他做过报馆主笔,发表过鼓吹变法的文章,因此也被清廷列入通缉名单。为了躲避追捕,他不得不于当年 12 月逃亡日本人占领下的台湾,担任台湾最大的报纸《台湾日日新报》的特约撰述。从此开始了为宣传革命而亡命天涯的传奇人生。

光绪二十五年(1899)五月,章太炎东渡日本,首次见到孙中山。当年八月底又悄然回到上海。此时京中传出慈禧太后准备废黜光绪皇帝的消息,朝野上下引起震动。次年 1 月,上海电报局总办经元善联络在沪绅商士民发电抗议,领先五十人都署真名。章太炎事先并不知情,而由经元善代署其中。通电公布后,慈禧大怒,电令上海当局对署名抗议者一一严拿。章太炎躲入租界避祸。

当年的中国更是多事之秋,北方义和团骤然而起,八国联军乘机入侵,南方督抚与列强合作实行"东南互保"。在此背景下,7 月下旬,唐才常在上海发起成立"中国议会"。章太炎参加了成立会,后因宗旨不合而退出。为表示与清廷决裂,章太炎将发辫剪去,并专门写下一篇《解发辫说》,反清意图更加明显。8 月 21 日,唐才常密谋在武昌发动自立军起义失败,二十余人遇害。清廷开始捕杀与自立军有关人员。章太炎因参与"中国议会"而被牵连，第三次被指名追捕，他逃回余杭老家。

光绪二十七年（1901）正月初一清晨，正在家中躲避的章太炎得到他的朋友吴保初派人传来的消息，通知他追捕者即到，让他快逃。于是，他连忙跑到一所寺庙中躲了十天。后来又偷偷回到上海，住在吴保初家中。8月，经吴保初推荐，章太炎到苏州东吴大学任教。这可算是第四次被追捕。

在东吴大学任教期间，章太炎利用课堂，抨击政府，宣传革命。他竟出了一道《李自成胡林翼论》的题目，让学生写作文。李自成是明末农民起义首领，在清廷看来是不折不扣的"反贼"，而胡林翼是镇压太平天国的"中兴名臣"，两人岂能相提并论！章太炎的言行引起清朝高层官员的注意，两江总督刘坤一、湖广总督张之洞、湖北巡抚端方、江苏巡抚恩寿、浙江巡抚任道镕，函电交加，密谋逮捕章太炎。一时间，章太炎竟成了清政府缉拿的要犯。难怪他原来的朋友孙宝瑄为此感叹："以天下之大，仇一匹夫。"

光绪二十八年（1902）正月初一，章太炎突然收到一份从南京发来的电报，要他立刻回上海。他不知缘由，便发电到上海托朋友吴保初询问。吴保初了解情况后怕寄信太慢，便又派人通知章太炎快跑。同时，东吴大学的传教士也通知他尽快躲起来，杭州的朋友也得知浙江巡抚正在派人抓他，要他立即离开余杭。看来这次清政府要抓章太炎，天下人都知道，除了他自己。2月，章太炎到了上海，第二天东渡日本。这是他第五次被追捕。

章太炎在日本短期逗留后，又回到了上海。光绪二十九年（1903）他参加了中国教育会和爱国学社，并担任《苏报》撰述。此间，他因发表《驳康有为论革命书》、为邹容的《革命军》作序而成为清政府的眼中钉，必欲除之而后快。当时，清廷要捉拿《苏报》同人已是公开的秘密，只是因为《苏报》在租界内不便动手。在其他人纷纷出走躲藏之际，章太炎却不肯逃走，他对邹容说：我已被清廷缉拿多次，志在流血，焉用逃为？6月30日，他正在爱国学社账房，工部局巡捕前来抓人，问谁是章炳麟，章太炎用手一指鼻子，坦然答道："我就是。"遂被捕。这次，章太炎本来可从容逃走，也许是厌倦了逃亡，也许是真准备用鲜血来染红反清革命的旗帜，他没有再逃，从容被捕。章太炎这次赌命壮举不但没有送命，反而由此抱得大名，三年后出狱，一跃成为革命的偶像。

光绪三十二年（1906）出狱后，章太炎到了日本东京，成为革命派舆论阵地《民报》的主编。由于《民报》大肆鼓吹革命，引起清廷记恨，不断向日本政府施压，要求查封。光绪三十四年（1908）十月，日本东京警察署以"败坏风俗、危害秩序"为由将《民报》查封。章太炎得知后极为不满，亲自到东京地方裁判所与日本检事对簿公堂。章太炎在法庭上据理力争，质问裁判长："扰乱治安，必有实证，我买手枪，我蓄刺客，或可谓扰乱治安，一笔一墨，几句文字，如何扰乱。我言革命，我革中国之命，非革贵国之命，我之文字，即鼓动人，即煽惑人，煽惑中国人，非煽惑日本人，鼓动中国人，非鼓动日本人，于贵国之秩序何与？言论自由，出版自由，文明国法律皆然，贵国亦然，我何罪？"面对章太炎咄咄逼人的质问，裁判长哑口无言。但理胜而事不胜，最终东京地方裁判所还是判决《民报》禁止发行，章太炎被罚款一百一十五日元。章太炎拒交罚金。1909年3月13日，东京小石川警察署将他拘留，准备押至劳役场，以劳役一天抵充一元罚金。他的学生龚宝铨、周树人等商量，请许寿裳挪用《支那经济全书》译本的一部分印刷费代交了罚款，章太炎才被释放。章太炎这次是在外国坐了一回牢。

中华民国成立后，章太炎这位缔造民国的革命元勋竟然还经历过囚禁或通缉之灾。1913年宋教仁被杀，章太炎从拥袁转向反袁。"二次革命"失败后，孙中山、黄兴逃亡国外，而章太炎却在这年8月入京，自投罗网，又被袁世凯囚禁了三年。1927年4月，蒋介石在南京建立国民政府。5月，上海各团体举行纪念"五四"集会，通过十项决议，有一项竟是请国民政府通缉学阀六十六人，而章太炎名列榜首。6月，国民党上海特别市党部临时执行委员会呈请中央以著名学阀的罪名通缉章太炎。国民党浙江省党部也闻风而动，命令余杭县立即查抄章太炎家产。章太炎不得不迁出原来的居所，转移到一个不为人知的地方隐匿起来，靠研读宋明理学来发泄内心的愤懑。1928年11月21日，他参加了招商局轮船公司股东会议，在会上对国民党政府的"以党治国"大加抨击，被人告密，11月24日，上海市国民党特别指导委员会呈请中央通缉"反动分子"章炳麟。国民党的机关报《民国日报》则发表《缉办章炳麟》的社评，称章太炎为老而不死之文妖，要求对章太炎开杀戒。章太炎不得不躲到亲戚家中，过着与世隔绝的生活。直到1931年"九一八"事变爆发后才又出来呼吁抗日救亡。

风吹枷锁满城香

1903年发生在上海的《苏报》案，是中国近代史上一次重大政治事件，是改良和革命的一次分水岭。在此之前，改良与革命的争论针锋相对，胜负难分，改良还略占上风。此案发生后，改良与革命的力量迅速发生逆转，革命风潮很快盖过了改良论调。而这个案子的主角就是章太炎。

《苏报》创办于 1896 年，报馆位于上海公共租界内。1900年，陈范出资接办，言论渐趋激烈。1903 年 5 月，陈范聘请章士钊为主笔，聘章太炎、蒋维乔、吴稚晖任撰述，实际上成了中国教育社和爱国学社的机关报，成为革命派的舆论阵地。从此开始，《苏报》接连刊载邹容的《〈革命军〉自序》与章太炎的《〈革命军〉序》、《康有为与觉罗君之关系》（《驳康有为论革命书》之一节）及其他介绍和宣传《革命军》的文章，公开倡言革命，向清政府发起了猛烈的攻击。

《苏报》的激烈言论引起清廷的极大恐慌，密令沿江各督抚对革命志士严查缉拿，随时惩办。由于《苏报》在租界内，清政府不能直接前来查禁和抓人，于是就同各国驻沪领事和工部局进行交涉。工部局巡捕房也一次次传讯章太炎、蔡元培、吴稚晖等人，他们均置之不理。眼看这些革命派对政府任意攻击，清廷忍无可忍，斥责两江总督魏光焘"形同聋聩"，令他一定要将蔡元培、章太炎、邹容逮捕法办。魏光焘于是派江南陆师学堂总办俞明震专程到上海查办。此时，租界领事曾出面劝蔡元培等人出国逃避。俞明震也曾约见吴稚晖，给他看了魏光焘令上海道逮捕蔡元培、吴稚晖、章太炎、邹容等六人的密令，暗示吴稚晖出国避风。

在其他人纷纷出国逃避之时，章太炎却不肯离去，于是被捕。本来邹容当时已经逃脱，后在章太炎的要求和感召下到巡捕房自首。章、邹被捕以后，清政府就不断与外国驻上海领事和各国驻华公使交涉，要求将章、邹引渡过来自行审判。由于各国驻沪领事不同意引渡，最后决定由英、美、日驻沪领事与清政府所派官员组成会审公廨，在租界内审理。由于各方意见不一，再加上租界法庭的特殊性，审判几乎变成一场闹剧。

1903 年 7 月 1 日，巡捕房将章、邹等人移送会审公廨，进行首次审讯。法官通过翻译宣布：中国政府到案。中国政府控告苏报馆、章炳麟、邹容大逆不道，煽惑乱党，谋为不轨，并举书报所载为证，其中的"贼胡""逆胡""伪清"等语也不避讳。由于需要翻译成英文，所以原来在汉语中大逆不道的文句，一经翻译，反觉得平淡无奇了。如《苏报》论说中有"革命之宣告，殆已为全国之所公认，如铁案之不可移"。而译成英文则变为：我等之意，欲逐去满族，以表示中国国民之意。气势和感情色彩全无。更可笑地是"载湉小丑"竟被翻译成"载湉小贼"。难怪英国领事看了"小贼"的称呼，觉得很平淡，没有什么大逆不道之处。

章太炎在给朋友的信中嘲讽道：噫嘻！他们自称为中国政府，以中国政府控告罪人，不在他国法院，而在自己所管辖的最小的新衙门，真千古笑柄矣。审讯完毕，章太炎等乘马车回巡捕房，口中大声朗诵"风吹枷锁满城香，街市争看员外郎"，观者填途。这哪里是审讯，简直就是示威！

后又进行第二次审讯。在法庭上，章太炎的律师反问清廷代表：现在原告究竟是何人？是北京政府？还是江苏巡抚？还是上海道台？应请明白宣示。清朝官员竟不知如何回答，结结巴巴地说是江苏巡抚奉旨控告。审讯又不了了之。

又过了数月，经过清政府与各国公使反复交涉，双方决定在上海会审公廨开额外公堂，由上海知县会同英国陪审官等对章、邹进行会审。经过四次审讯，当年 12 月 24 日，额外公堂宣布判决结果：章、邹二人"不利于国，谋危社稷""不利于君，谋危宗庙"，例应凌迟处死。因正逢慈禧太后七十大寿，格外恩典，所以将二人定为永远监禁。消息一出，舆论大哗，领事团被迫宣布这次判决无效。又经过半年交涉，次年 5 月 21 日，由清朝外务部与各国驻华公使共同签署了一份判决书，判处章太炎监禁三年，邹容监禁二年，从拘押之日算起，监禁期间罚做苦工，期满逐出租界。

　　章太炎在狱中所做的"苦工"是缝袜底和烧饭。这虽然算不上苦工，但狱中的生活并不好过。他曾经绝食七日竟不死。曾经与狱卒发生冲突，多次遭受拳脚殴打，还被上刑三次，几乎致死。冬天每个犯人只发一条线毯，即便是严冬大雪天也是如此，很多体弱的犯人因此中寒而死。狱中有五百人左右，每年要死去约一百人。章太炎日日靠阅读佛经来培养心性，终于活着走出了监狱。邹容因为年轻气盛，忍受不了折磨，面容憔悴，像疯癫一样，夜间不睡，大声骂人，后因病重，允许出狱，不料出狱前一日服用工部局医院大夫的药，半夜暴死。邹容死后，外间舆论大哗，都认为是清朝官吏行贿毒杀。租界当局怕事端扩大，不得不对章太炎有所宽容。因此，章太炎将自己能活下来看作邹容用生命换来的，终生对邹容像焚香祭拜。

　　章太炎和邹容的被捕和审讯，产生了强烈的社会反响，当时上海的中外报纸纷纷报道，清政府腐朽无能的本质暴露无遗。试想，一国政府在本国土地上控告本国国民谋反，而竟让外国法庭来审讯，政府的脸面何存！拖延数月没有结果，刚宣布审判结果又被否决，最后竟由外务部与各国驻华公使会商判决，折腾几个月，最终也只判个三两年。由此可见，审判的整个过程就是清政府在自揭其短，自取其辱。连章太炎原来的朋友，此时仍主张改良的孙宝瑄都感慨道：章炳麟，一布衣耳，而敢于与政府对簿公堂，无论胜负如何，本朝数百年来不可告人的秘密暴露无遗。现在章炳麟以一人与一国政府为敌，并且能任意侮辱之，章虽败亦豪哉！至于革命派利用《苏报》案大肆反清的言论更是比比皆是。章太炎因鼓吹反清革命而被捕，而这次被捕与审讯本身又是一次更大规模的反清和革命宣传。清政府的拙劣表现不仅没有压制住革命的声浪，反而"培养"出大批的革命志士，"塑造"出章太炎这样的革命领袖。

时危挺剑入长安

1913 年至 1915 年，章太炎因反抗袁世凯复辟帝制，在北京被监禁三年。这次虽不是真正的坐牢，但在精神上所受折磨则更大，是对他的革命意志和情操的又一次严峻考验。三年的囚禁经历使章太炎这位一度被人冷落的革命元勋又一次成为国人注目的焦点。

民国成立后，章太炎先后担任过中华民国南京临时政府总统府顾问、北京政府东三省筹边使。虽未被重用，但他的政治热情并未消退，特别是在东三省筹边使任上，虽然时间很短，无权无经费，但他还是亲赴东北，奔走各地，初步拟定了筹边方略。

1913 年 3 月，宋教仁在上海遇刺身亡，经过调查发现袁世凯是幕后元凶。在残酷的现实面前，章太炎对袁世凯的态度发生了转变，从拥护转为反对。但他并不主张武力反袁，而是希望国民党联合各种反袁力量，利用国会选举正式大总统的机会，选出黎元洪来取代袁世凯。

正当章太炎为联络各种反袁势力忙碌时，北京共和党本部来电，要他到北京，主持国民、共和两党的合作事宜。章太炎是共和党的副理事长，因此决定进京。他的新婚妻子汤国梨和朋友刘禺生都劝他不要前往。但他回答说：事出非常，明知虎穴，义不容辞，我志已决，请勿多虑。临行前赋诗一首：

> 时危挺剑入长安，流血先争五步看。
>
> 谁道江南徐骑省，不容卧榻有人鼾。

这首诗的前两句借战国时期魏国人唐雎挺剑入秦国，以匹夫之勇与秦王抗争的典故，来表明自己要效法古人与袁世凯斗争。后两句出处是，北宋开国皇帝赵匡胤欲出兵征伐南唐，南唐右散骑常侍徐铉（诗中的徐骑省）受命前来劝阻。赵匡胤对他说：江南虽无罪，但天下一家，卧榻之侧，岂容他人鼾睡？章太炎借这一典故劝袁世凯对南方革命派采取宽容的态度。这也正是他冒险入京的原因。

8月11日，章太炎入京，住在化石桥共和党本部，随后即被袁世凯派人监视。10月6日，袁世凯用军警包围总统选举现场，强令国会选他为总统，10月10日，正式就任。章太炎看到大势已去，事不可为，就给军政执法处处长陆建章和袁世凯写信，让他们撤去军警，放自己离京，未被允许。为了笼络章太炎，袁世凯要他组建考文苑，章太炎已看出袁世凯非真心，于是就借此提出考文苑须有四十人编制，每年经费须数十万元。袁世凯当然也不会答应。

为了尽快离开北京，章太炎对监视他的军警大声斥责，用手杖击打。军警逃跑，章太炎就大呼：袁氏走狗被我赶跑了。军警无奈，只得长跪请留。章太炎当时住在右院的斗室里，不是高谈古今，就是狂饮怒骂。有时拿花生米佐酒，掐掉花生蒂，叫道：杀了袁皇帝的头。或写了"袁贼"的纸条，用火来烧，边烧边叫：袁贼烧死了。

朋友见他愁郁伤生，纵酒谩骂，也不是长久之计，于是就请他讲学。讲堂设在共和党本部的会议厅大楼，报名听讲的很多。讲学的内容有经学、子学、史学、玄学等。当时在北京大学读书的顾颉刚就在同学毛子水的带领下，冒着雪夜的寒风来听讲。顾颉刚后来回忆说，讲学的次序是，星期一至星期三讲文科的小学，星期四讲文科的文学，星期五讲史科，星期六讲玄学。顾颉刚回忆说："我从蒙学到大学，一向是把教师瞧不上眼的，所以上了一二百个教师的课，总没有一个能够完全摄住我的心神。到这时听了太炎先生的演讲，觉得他的话既渊博，又有系统，又有宗旨和批评，我从来没有碰见过这样的老师，佩服极了。我自愿实心实意地做他的学徒，从他的言论中认识学问的伟大。很不幸，国学会开讲还没满一个月，太炎先生就被袁政府逮捕下狱。我失掉了这样一个良师，自然十分痛惜；但从此以后，我在学问上已经认清了几条大路，知道我要走哪一条路时是应当怎样走去了。"从顾颉刚的回忆中，我们可以清楚地看出章太炎不满一个月的讲学对这个青年学生的巨大影响，顾颉刚后来能成为著名史学家，以"古史辨"享誉史坛，与听章太炎讲学不无关系。

1914 年元旦，章太炎致信给黎元洪，表示要冒死离京。1月 3 日，他决定乘京奉火车到天津。共和党同人知道他出京肯定被拦，但又无法劝阻，于是以饯行为名，和他纵酒话别，故意拖延时间，等到了车站，火车已开走。章太炎不愿再回共和党本部，就暂住在华东饭店。1 月 7 日清晨，章太炎雇一辆车，直奔总统府，要见袁世凯，演出了一幕"以大勋章作扇坠，临总统府之门，大诟袁世凯的包藏祸心"的悲壮活剧。

当时的情形大体是：章太炎在总统府接待室久坐，无人理睬，大怒，痛骂招待员，将室内的茶杯打碎。眼看无法收拾，陆建章处长出面对章太炎说，总统有要务在身，让你久候，现在派我来请你入见。章太炎就这样被骗到石虎胡同军事教练处。也有记载说，在陆建章指挥下，一群兵卒将章太炎强行塞入马车，押往石虎胡同。2月20日，袁世凯令警署总监吴炳湘将章太炎由石虎胡同转移到南下洼龙泉寺幽禁。袁世凯曾手书八条交给陆建章，让他"优待"章太炎：（一）饮食起居用款多少不计；（二）说经讲学文字，不禁传抄，关于时局文字不得外传，设法销毁；（三）毁物骂人，听其自便，毁后再购，骂则听之；（四）出入人等，严禁挑拨之徒；（五）何人与彼最善，而不妨碍政府者，任其往来；（六）早晚必派人巡视，恐出意外；（七）求见者必持许可证；（八）保护全权，完全交汝。此时的章太炎行动已完全失去自由。

为抗议袁世凯的监禁，章太炎开始绝食，并作好了死的准备。他在给夫人汤国梨的信中写道：幽居数月，隐忧少寐，饮食仆役之费，素皆自给，不欲受人喂养，今遂不名一钱，延至六月，则槁饿而死矣！我有一件在日本缝制的衣服，上面标有汉字，十年来与我同处患难，请妥为保存，我虽殒毙，魂魄当在斯衣也。我一生遭离祸难，辛苦已至矣，不死于清廷购捕之时，而死于民国告成之后，又何言哉！我死以后，中夏文化亦亡矣。

章太炎绝食的消息传开后，各界多方劝慰。他的学生在床前再三劝说，请他进食。章夫人也给袁世凯写信，请适量给予自由，保全生命。马叙伦和黄节也给政治会议议长李经羲写信，请他向袁世凯说情，恢复章太炎的自由。在章太炎绝食七八天后，袁世凯才命吴炳湘派医生前来救治，后转移到医院住了一个多月，才得以活命。

出院后，章太炎被转移到钱粮胡同一所民宅中。这所住宅是清朝一名小贵族的遗产，宽大堂皇，院内有竹木，西侧有花园。章太炎认为这是读书会客之所。于是让人购进"二十四史""九通"、《通鉴》《经解》等常备书，准备在此写书会友。

虽有警察严密监视，但他的学生和朋友如黄侃、朱希祖、马裕藻、钱玄同、吴承仕、马叙伦等可来相见问学，生活比以前安稳。他将以前写的《訄书》加以增删，写成了一部新书《检论》。吴承仕还将他论述中国哲学的谈话，编定为《菿汉微言》。

在钱粮胡同期间，章太炎又经历一次绝食，起因是警察强令原来和他一同居住的黄侃搬出，并进一步限制他的弟子来访。马叙伦听说章太炎绝食后，立即赶往章太炎的住处劝说。当时正值寒冬，章太炎住的房屋又高又大，可连一个火炉也没有，因为他怕袁世凯用煤气熏死他。屋内很冷，章太炎躺在床上，身上裹着三条棉被。马叙伦在屋内一边走动，一边用各种譬解来劝他。可章太炎三教九流无所不通，寻常言语休想打动他。马叙伦也算博学之士，颇有几套，一会儿谈孔孟，一会儿谈老庄，一会儿谈佛学，一会儿又谈理学。当谈到理学时，章太炎来了精神，原来他此时正在研究理学。可当劝他进食时，他又说："全生为上，迫生为下，迫生不如死。"这是《吕氏春秋》里的话，他用来作为绝食的理由。马叙伦只得再找话应付。两人你来我往，从清早谈到晚八点，章太炎的精神越来越兴奋，可马叙伦却饿得肚子咕噜直叫。他看准了章太炎不再坚持，就说自己饿得受不了了，要吃饭，希望先生陪吃，章太炎居然答应了。厨房做了两碗荷包蛋，章太炎先吃完一碗，马叙伦又把自己的一碗也给了他。两碗鸡蛋下肚，章太炎绝食到此结束。当马叙伦出门时，门外的警察恭恭敬敬地向他道谢。

1916年6月6日，袁世凯忧愤而死。6月16日，章太炎重获自由。章太炎这次京城被幽禁，虽不是真正的坐监，但所经受的痛苦并不比上海那次少。新婚不久即被囚禁三年，三年间夫妻仅靠书信传情，可看他写给夫人的信，件件如同遗书，其痛可以想见。在被囚禁期间，大女儿自杀身亡。大女儿和女婿来京看望父亲，因不忍见父亲所受磨难，自经而死。章太炎对此极为伤心，他在给夫人的信中写道：女儿与丈夫伉俪颇笃，事翁姑，处弟妹，皆雍睦无间。只是天性忧郁，常无生趣。女儿死后，章太炎情绪比以前更加恶劣，本来生趣久绝，加以悲悼，更加不能支持。还有，章太炎在被囚期间，至少有两次长时间的绝食，一是在龙泉寺，绝食七八天，一是在钱粮胡同，绝食近十天，其中的痛苦不难想象。

可章太炎不愧是条硬汉，他最终熬到了袁世凯死而得以生还。其实，章太炎这次真的做好了死的打算，看他给夫人的信，对后事交代非常详细，包括死后墓葬选址、藏书遗稿处理、家庭财产、家室赡养等。他还托浙江的朋友杜志远为他在刘伯温墓侧选一块墓地，并亲自用自己最擅长的小篆体写下"章太炎之墓"五个字，以备后用。一个连自己墓碑都写好的人，还会怕死吗？当袁世凯称帝活动达到高潮，某些无耻政客纷纷劝进和表忠心时，章太炎却致书袁世凯骂其言而无信，欺骗国人。其文曰："某忆元年四月八日之誓词，言犹在耳。公今忽萌野心，妄僭天位，匪惟民国之叛逆，亦且清室之罪人。某困处京师，生不如死。但冀公见吾书，予以极刑。较当日死于满清恶官僚之手，尤有荣耀。"宁肯一死，也不愿与独裁者共生，这就是"七被追捕，三入牢狱，而革命之志，终不屈挠"的章太炎。

第3章

民族主义，终有爆发之一日

首正大义，截断众流

光绪二十三年（1897）一月，章太炎离开苦读八年的诂经精舍，进入上海的时务报馆，融入了变法的大潮之中。变法失败以后，他的思想急剧变化，很快由救亡、启蒙、变革一跃而为排满、革命、光复。其言论之激烈、旗帜之鲜明、胆气之豪壮、影响之广泛，一时无人能比。

章太炎出生时，清朝统治中国已二百余年，但江浙一带当年反清失败后埋下的种子却深深地扎根于江南士子的心中。近代以来，面对西方列强入侵，清王朝的专制统治更显昏庸腐朽，其统治的合法性既受到农民起义的强烈冲击，也遭到有识之士的质疑，改革变法之声不绝于耳，排满革命的言论也时有所闻。

作为江南士子的后起之秀，章太炎反清思想由来已久，其来源既有明末清初反清志士的激励，也有先祖父辈的教诲。他后来回忆说，当他十一二岁的时候，外祖父朱有虔教他读经，有一次读到《东华录》曾静案时，外祖父说，夷夏之防，同于君臣之义。章太炎问前人是否说过，外祖父回答，王船山、顾炎武已经说过，王船山还把南宋之亡看成衣冠文物之亡。章太炎遂发出惊人之语：明亡于清，反不如亡于李自成。因为李自成还是汉族。从此反清革命思想就潜伏在心中。

光绪十五年（1890），章太炎的父亲章濬去世，临终时留下遗命说：我们家入清已八世，死后皆穿深衣入殓。我死后，不敢违背家教，不能穿清朝的服装。所谓"深衣"是指汉、唐、宋、明相沿的上衣下裳的汉服。这种临终遗命不能不给23岁的章太炎留下深刻的记忆，滋润着反清种子的生长。

戊戌变法失败后，章太炎被清廷列入通缉名单，不得不离开上海到台湾，开始了他人生中的第一次逃亡。光绪二十六年（1900），他又因反对废黜光绪皇帝而再次被通缉。就在这一年8月，他作出了一个惊世骇俗的举动，毅然剪去了表示效忠于清王朝的辫子，并专门写了一篇《解发辫说》，其中说道：余年已立，而犹被戎狄之服，余之罪也。此后将剪掉辫子，恢复汉人服装。他在给孙中山的信中说，自己剪辫乃是表明"不臣满洲之志"。孙中山在香港的《中国旬报》上发表了章太炎的来信和《解辫发说》，并对章太炎的举动给予极高评价："章君炳麟，余杭人也，蕴结孤愤，发为罪言，霹雳半天，壮者失色，长枪大戟，一往无前。有清以来，士气之壮，文字之痛，当推此次为第一。"章太炎由此被誉为江浙一带公开倡言反清革命第一人。

此后数年，章太炎先后发表过《正仇满论》《中夏亡国二百四十二年纪念会书》《革命军序》《驳康有为论革命书》《革命道德说》《排满平议》《讨满洲檄》《中华民国解》《复仇是非论》等反清革命的文章，言论越发激烈，影响也越来越大。

特别是《驳康有为论革命书》一文，针对康有为不必革命、不能革命的改良论调，章太炎引经据典、有理有据地进行了系统的驳斥，全面论证了革命的必要性和合理性。康有为以公理未明、旧俗俱在为由反对革命，认为中国人没有革命的能力，一旦革命，就会造成干戈四起，民不聊生。而章太炎则回应道，革命实践正是提高觉悟，改变旧俗，培养能力的最好机会。他充满信心地写道："公理之未明，即以革命明之；旧俗之俱在，即以革命去之。革命非天雄大黄之猛剂，实补泻兼备之良药矣！"此文层层驳诘、破中有立、论据充分、文辞激昂，是鼓吹革命的经典名篇，其中"载湉小丑，未辨菽麦"一句更使千百年来神圣不可侵犯的皇帝脸面尽失、威严丧尽。

章太炎在20世纪初期的诸多反清革命言论，传播甚广，影响巨大，很多在改良与革命间徘徊的热血青年正是在他的文章和行为的感召下，抛弃幻想，走上了反清革命的道路。

对章太炎宣传革命的功绩，当时的舆论给予了很高的评价。1911年11月16日槟榔屿《光华日报》在《文字功》一文中评论说："革命虽重实行，不重空言，然理论足而复实事生，则今日革命军赫赫之功，亦当推源于文字。"并首推章太炎和邹容，对章的评语是："当甲午、乙未之顷，全国人心锢蔽不开，而一般文人，醉心科举，除八股帖括外茫无知识。章生平不应房试，提倡民族主义，所著《訄书》，发挥透辟，于是而革命之学说，如怒芽苗生，日渐加长矣。"

同日，上海《民立报》刊载章太炎"回国返沪"消息，并发表《欢迎鼓吹革命之文豪》社论，其文曰："章太炎，中国近代之大文豪，而亦革命家之巨子也。正气不灭，发为国光，文字成功日，全球革命潮，呼吁盛已。"称章太炎为"新中国之卢骚（卢梭）"。

章太炎的学生许寿裳后来在评价《驳康有为论革命书》时说：这篇雄文，真真像大禹的铸鼎象物，使民知神奸。不但华侨读了，骤然变更宗旨来赞成革命，连那些国内的老顽固之流读了，也有深表钦佩的。从此保皇党的大言眩惑，更自白于天下。所以这篇文章，影响异常之大，是中国革命史上最当保重的文献之一，先生后来之所以入狱，这也是一个重要原因。

辛亥元老景梅九1936年回忆说：三十年前，他在北京大学肄业之际，《苏报》案起，一时人心震荡，胆怯之徒，几掩目不敢正视章太炎、邹容之文辞。尤以"载湉小丑，未辨菽麦"两语为奇警，论者谓不啻向五千年帝王历史中，猛投以爆弹也。清吏多变色私下说"竟敢骂我皇上"。而景梅九却视章、邹文章为宝典。他还回忆说：章太炎对于革命，以实行为重。曾在《民报》秘密会议上说，我辈若单以言语鼓吹革命，就如同祭祀时的赞礼生，仅站在旁边口喊仪节，而看他人跪拜行礼而已。这一番话说得同人很受感动，于是纷纷弃笔墨而回内地从事实际的革命行动。

章太炎宣传革命有功，他也以此自负。1912年10月10日，袁世凯授勋，宣布授孙中山、黎元洪大勋位，唐绍仪、伍廷芳、黄兴、程德全、段祺瑞、冯国璋一等勋位，章炳麟二等勋位。章太炎很不满意，他在《与王揖唐书》中说："二等勋位，弟必不受。中山但有鼓吹而授大勋，吾虽庸懦，鼓吹之功，必贤于中山远矣。当庚、辛扰攘以来，言革命者有二途：软弱者与君主立宪相混，激烈者流入自由平等之谬谈。弟《驳康有为书》一出，始归纯粹，因是入狱。出后至东京，欢迎者六千人。后作《民报》，天下闻风。"因此自己有"首正大义，截断众流"之功。

对章太炎的这番自我表白，国人多有非议，而日本学者岛田虔次在《章太炎的事业及其与鲁迅》一文中，却将章太炎宣传革命的功劳与孙中山、黄兴相提并论，并为章太炎只授二等勋位鸣不平。他认为，在宣传革命大义、掀起革命风潮这一点上，蜂起的孙文、黄兴，也不及太炎的言论。孙文在广州以及其他地区的起义以及《兴中会宣言》，在当时也只不过是在边境或是在外国的局部地区的事件，还没有力量动摇中国一般知识分子的心灵。真正地去唤醒中国内地的知识分子的民族意识，而且使其对立于改革派的，无论怎么说，也应该是太炎的"《苏报》案事件"。而且，他作为革命前夜的最左翼的宣传报道机关《民报》的主笔，也是十分健斗的。在列举了许多章太炎宣传革命的业绩和影响后，岛田虔次总结说，也许，太炎单单作为革命家的使命因辛亥革命的成功而结束了。但仅此一项上，他所作的贡献实是很伟大的。

台湾学者汪荣祖在《章炳麟与中华民国》一文中说，革命党人的武力固然薄弱，思想的力量却十分强大。要言之，革命党的力量可见之于三个人：革命先知孙中山、行动家黄兴和宣传家章炳麟。孙中山已为其政治信徒尊为国父。如果建国之父可以不止一人，则我们至少必须把黄兴与章炳麟包括在内。章氏学养之深厚、与康有为之论战、《苏报》一案、《民报》之主编工作，均在证明章氏乃影响至大的革命志士。这一点即使在失和之后也为孙中山所同意。章氏在古老的思想环境中造就"新动力"，进而开创新的行动局面。章氏自谓是民国的创立者之一，史家难以不予承认。

章太炎说他鼓吹革命之功，远过于孙中山，这当然有可议之处。但在论功行赏时，程德全之流的旧官僚，段祺瑞、冯国璋之流的北洋军人，都被授一等勋位，而为鼓吹革命坐过牢、差点掉脑袋的章太炎只授二等勋位，实在也太不公平了。

今日之势，惟有一战

1931 年"九一八"事变的炮声将章太炎的民族主义意识重新唤起，他很快就投入抗日救亡的洪流之中，垂暮之年再次放出光彩。

1931 年 10 月 5 日，他在致孙思昉的信中说："有此总司令、此副司令，欲奉天、吉林不失，不能也。"对蒋介石、张学良的不抵抗行径提出批评。同时，他明确指出：中国目前只能奋起抵抗。奉天、吉林固然不可恢复，而宣战不得不亟，虽知其必败，败而失之，较之双手奉送，犹为有人格也。辽东虽失，而辽西、热河不可不守，虽形势岌岌可危，也不能弃此屏障。

1931 年 12 月 7 日，他在《致马宗霍书》中，再次对蒋介石政府提出尖锐的批评。他写道，既然政府已决定放弃东三省，学生群呼打倒卖国政府，又何足怪哉！今日之势，使我辈处之，惟有一战。明知必败，然败亦不过失去东三省。战败而失之，与拱手而授之，有人格与无人格的区别，国家根本的兴废也会不同。为当局自身考虑，也惟有一战。战而败，败而死，也足以赎往日的罪状。可当今掌权者爱国家不如爱自身，爱自身之人格不如爱自身的性命。但要想让前人代过，让人民顶罪，凭一己之手，无论如何也掩盖不了全国人民的耳目。

1932 年 1 月日军进攻上海，发生了"一·二八"事变。驻守上海的十九路军奋起抵抗，得到上海各界群众的热烈支持。章太炎大为振奋，写下了《书十九路军御日本书》一文。赞叹道：自一月二十八日至二月十六日，大战三四，小战不可纪，敌死伤八千，而我军死伤不逾千。自清光绪以来，与日本三遇，未有大捷如今者也。至于取胜之道，则由于将帅果敢，士卒奋厉，上下辑睦，能均劳逸。

1932年2月，章太炎到达北平，与张学良会面，劝其出兵抗日。他认为，对日本之侵略，唯有一战。中国目前只此一条路可走。不战则无路，唯坐而待亡。战胜不必说，即使不幸战败，至少可以改变世界对中国的看法，赢得各国的同情或支持。此外，他还利用这次来北平的机会，在北京大学、燕京大学、北京师范大学演讲，宣传民族主义和研究历史之重要性，激发青年学生的爱国热情。

1933年4月1日，章太炎与马相伯、沈恩孚联合在《申报》上发表《三老宣言》，揭露国联偏袒日本，抨击政府无力救国，号召全国人民一致奋起，督促政府，务使东北半壁河山，不至自我沦亡，黑山白水，不止就此变易颜色。并呼吁全国人民给前线抗日战士以物质补助和精神安慰，鼓励其为民族生存而奋斗的勇气。

章太炎对国民党当局的尖锐批评，令蒋介石非常头痛。曾与章太炎结拜过兄弟的国民党元老张继托李根源传话给章太炎，让他安心讲学，勿议时事。章太炎在给张继的答复中说，我对于人，不念旧恶，但论今日之是，不言往日之非。五年以来，当局恶贯已盈，道路侧目。特别是对日一再退让，更导致朝野哗然，国人愤怒。我年事已高，别无他求，只希望在墓道上刻上中华民国人民之名，可这点希望今日也几不可得。

1935年12月9日，北平数千名大中学生举行示威游行，掀起了抗日救亡的新高潮。章太炎对此表示积极支持，并致电北平卫戍司令宋哲元，为学生辩护：学生请愿，事出公诚。纵有加入共产党者，但问今之主张如何？何必论以往？宋哲元答复说，以先生之嘱为重，自当遵办。

由于时局的变化，蒋介石对日态度有所转变，抗日的可能性越来越大。1936年1月，章太炎在给冯玉祥的信中，对如何抗战提出建议，并请代为转告蒋介石。蒋介石也亲笔写信回复。6月4日，章太炎又带病给蒋介石写了一封信，对于如何部署华北抗日提出具体建议：（一）希望蒋介石对平津前线部队多给军械、粮饷资助，激励他们杀敌致果，为国牺牲；（二）厚遇山东，以坚其志，使他们知道政府并未放弃他们，能单独应战最好，即便不能独战，则必有救援之师；（三）对于共产党，应顺其所欲，驱使其抗日，即便不能控制，也应当作民军看待。并希望政府开诚布公，取信于民，并指出这是治本之要。从以后抗战的形势来衡量，章太炎的预测相当准确，只是蒋介石没有听取章太炎临终前的劝告，才导致平津很快失守，山东不战而逃，抗战初期就面临非常被动的局面。

以提倡民族主义之精神为要

章太炎政治思想的最显著特点就是始终贯彻着民族主义和爱国主义。可以说，他一生以提倡民族主义始，以提倡爱国主义终。他早年的反清革命，晚年的抗日救亡都是民族主义和爱国主义思想的生动体现。

对章太炎早年强烈的反清思想，有些论者认为包含有"狭隘的种族主义"，甚至认为章太炎是"种族主义者"。其实，这种看法是肤浅和带有偏见的。

汪荣祖在《章太炎与中华民国》一文中对此有精辟的分析。他认为，革命党人深信，清政府不去，则一切均不可为。

因此反清思想自然成为他们最主要的论点。章氏在党人中是以天字第一号的反清论者著称。他以深厚的史学和文化素养对清政府和满族痛加抨击，甚至讥嘲讽刺，也在所难免。他自知所持的反清言论是一种政治论调，身为革命党人他要求宣传效果。当时效忠于皇帝和清朝的力量仍然很大，而维新派的先驱康有为正大力为清朝辩护，因此这种宣传工作非常需要。唯有痛斥穷诋才能打击清朝的威望，减弱效忠清廷的力量。据此把章氏视作反清论的健将，就是承认他对革命运动的至大贡献。这个革命运动最直接的目标就是推翻清朝政权。若硬要在章氏和其他爱国革命志士之间划分界限，而称呼章氏为"种族主义者""种族之报复者""大汉主义者"，或者"狭隘的种族主义者"，实在是肤浅的。而且，武昌起义后，他即时呼吁留日的满族学生投效民国，可见章氏的反清观点绝不是要把满州人全部消灭。汪荣祖还指出，章太炎的反清思想还与反对帝国主义侵略有直接的关系。他决心排满，乃是因为他认识到清朝无法抵抗帝国主义的侵略。他一旦排满，自然尽力攻击，包括带有种族歧视的言辞。不过当清廷下野，他立刻主张全国团结统一。

另一位海外学者孙万国在谈到章太炎的民族主义时也说，章氏的民族主义所以是正义的，乃是因为他处在一个内有民族歧视、外有帝国压迫的时代，乃是因为他的民族主义是反抗的、自卫的，不是好战的、侵略的。如果我们以事后之明粗暴地苛责章太炎是"赤裸裸的大汉沙文主义者"，这是不能设身处地，缺乏历史的同情。再者，章氏的民族主义是有阶段性的，是发展的。他在前期的言论中，诚然有种族优劣论的偏见，但这一偏激的意见，受到左中右三个方面的挑战之后，便很快作了修正，而且迈出了比时人更大的一步。在民国之前，他是革命党中敢于正面提出反对帝国主义命题的第一人，也是第一个组织亚洲被压迫的流亡志士，一同反抗殖民剥削的人，又是第一个为非洲及美国黑人和印第安人鸣冤，并为澳大利亚及加拿大的土人说话的中国学者。

1935年《大公报》主编张季鸾向章太炎问政。章太炎答复三条，条条都以民族主义为主旨：第一，中国今后永远保存的国粹，就是史书，民族主义就蕴含其中；第二，为了救亡，政府与人民应各自承担起责任，而皆以提倡民族主义精神为要，现在人民手中无权，唯有民族主义日日潜伏于心中，虽经历数十年、数百年，终有爆发之一日；第三，中国文化本无应该舍弃者，只是用之有缓有急而已，今日应该格外阐扬以儒兼侠。章太炎在晚年之所以一再倡导儒行和侠义精神，其目的就是纠正儒者柔弱的缺点，而用侠者的"见死不更其守""身可危而志不可夺"的精神，来培养中国人艰苦卓绝、奋迈慷慨的阳刚之气，义无反顾地投身于抗日救亡之中。这种从传统文化中寻找救亡利器的言论看似陈旧，却有其无法估量、屡试不爽的巨大力量。章太炎晚年的民族主义与爱国主义完全融为一体，为他绚丽多彩的人生画上了一个完美的句号。

第 4 章

共和政体不得已而取之

今日欲飞跃以至五无，未可得也

光绪三十二年（1906），章太炎出狱后到了日本东京，主持《民报》工作。这一时期是章太炎言论最为激烈、思想最为活跃的时期，他在坚持激烈反清的同时，对国家的本质和共和政体的建立进行了某些独特的思考。这些思考构成了他政治思想中最为瑰丽的内容。

1907 年 9 月，章太炎在《民报》上发表了《五无论》一文。他认为国家与政府，其界域都比较狭隘，推其原因，是因为国家和政府赖以建立的民族主义本身也很狭隘。若承认有民族，则必有国家，有国家必有政府。比较世界各类政体，共和政体为害最轻，固不得已而取之。要消除共和政体的危害，就应当做到以下四点：（一）平均分配土田，使耕者不为佃奴；（二）官立工厂，使佣人得分赢利；（三）限制继承，使富厚不传子孙；（四）凡议员有贪污情形，平民可以解散议院，使政党不敢纳贿。如果做不到这四点，不论君主立宪还是民主立宪，都不如专制为善。专制国家没有议院，无议院则富人穷人地位相等，若设议院，而充当议员的，大都出于豪门，名为代表人民，实际上依附政党，与官吏朋比为奸，所考虑的不是民生利病，而是一党之私。因此，有共和政体，而不分散财权，防制议员，则还不如专制政体为善。

在章太炎看来，建立共和政体是不得已而为之，为了超越民族主义，他提出了惊世骇俗的"五无论"，即无政府、无聚落、无人类、无众生、无世界。

（一）无政府。他认为，种族相争，都是因为政府的存在使他们产生了隔阂。因此，政府是人类残杀、争斗的根源，要消灭战争，就必须废除政府。废除的办法是：实行共产，断绝贸易，销毁武器，废除家庭。

（二）无聚落。国家、政府都是在聚落的基础上建立起来的。国界虽破，若聚落犹存，则惨烈的战争就不会停止。这是因为各地人类所处的自然环境不一样，气候有冷有热，土地有肥有瘠，无法做到真正平等。在这种情况下，即使没有政府，也会发生战争。所以要做到无政府，就必须无聚落。办法是使农为游农，工为游工，女为游女。苦寒地方的人与温润地方的人，每年易地换屋而居，迭相迁移，才能不因执着而相争斗。

（三）无人类。政府和聚落都是由人制造出来的，即便废除了政府和聚落，只要人类存在，就还会制造出新的国家，发生相杀相残的事。要想摆脱政府聚落之累，只有实行"无人类"。具体做法是有一两个超人出来，引导人们奉行独身主义，断绝人欲，最后使人类断根绝种。

（四）无众生。依据生物进化的理论，人类是由生物进化而来的。只要一物尚存，进化到最后，还是会出现人类。只有无众生，才能无人类。

（五）无世界。世界本无，不需要消灭。现实世界本来是虚无的，众生所看到的世界皆是虚幻的假象，如同众人眼中有病，将虚幻的东西看着实有一样。众生一旦消失，世界也就不存在。

要实现"五无"社会需经过三个阶段：第一阶段实现无政府、无聚落，第二阶段实现无人类、无众生，第三个阶段实现无世界。其中，最重要的是"无人类"。消灭人类的方法就是以观无我为本因，以断交接为方便。人都视自己为虚无，不相交往，自生自灭。

章太炎的"五无论"是他政治社会思想中最奇特的内容，在当时就难以理解，今天也争论不断。萧公权在其名著《中国政治思想史》中指出："章氏之政治思想乃一深切沉痛而微妙之抗议也。抗议异族之压迫，于是倡言种族革命；抗议苛政之食人，于是倡言五无四惑；其他一切解放个人，鼓吹平等，讥弹风俗，诋斥人类之议论，殆莫不含有抗议之意味。"萧公权因此认为章太炎是中国最悲观的政治思想家。明白这一点，章太炎《五无论》与康有为的《大同书》根本异趣，不难察见。康氏入世界观众苦，故欲破除九界。然九界既除则人类至乐。因此，大同之理想，以悲观为起点，而以乐观为归宿。章氏认为世界为虚幻，故欲实现五无。若非绝灭人道，不足以拯世界之沉浊。故章氏之政治哲学，一致悲观而终于消极。如果说《大同书》是享乐主义的乌托邦，则《五无论》是失望自杀之虚无主义。

一般认为，章太炎的"五无论"与"无政府主义"思想同质。但王玉华在《多元视野与传统的合理化——章太炎思想的阐释》一书中则认为两者是根本异趣的。王玉华指出，无政府主义虽主张消灭政府，但它对于人类的未来则有着美好的向往与憧憬，充满了小资产阶级的狂热冲动与浪漫激情。它天真地以为只要消灭了政府，就会实现人人平等、天下为公的极乐世界。而章太炎的"五无"学说，其根本的出发点则在于认为人类不可能达到一个尽美醇善的极乐世界，它认为随着人类文明的演化，人类将陷入更大的痛苦与不幸之中。章太炎的"五无"学说，充满着浓厚的悲悯恻怛之情，可称之为"慈悲的人本主义"。

就政治思想而言，章太炎的"五无论"确实过于玄妙，在人类可以预见的时空范围内，根本无法实现。其实，章太炎也很清楚，"五无论"离现实社会毕竟太远了，谈政治还是要落到现实中来。他在《五无论》的最后说："人生之智无涯，而事为空间、时间所限，今日欲飞跃以至五无，未可得也。还以随顺有边为初阶，所谓跛驴之行。"意思是说，人的智慧无穷，可以无边无涯地思考，而现实世界都被时空所限制，因此，今天想一跃达到"五无"的境界是不可能的，还必须面对现实，从有边有涯的可能性开始，只能像跛驴一样艰难慢行。

章太炎自述其生平学术是"始则转俗成真，终乃回真向俗"。这里的"俗"和"真"可以有不同解释，但大体说来，"俗"一般可指现实性、可行性较强的思考和认识，或者说是具体的思考和认识；"真"可指不具有现实性和可行性的思考和认识，或者说是抽象的思考和认识，有些甚至可以看作基于佛学认识论的玄思和空想。按照这个思路来理解，章太炎"五无"的第一阶段是现实性较强的社会政治理想，大体上应该属于"俗"的范畴，但也不是短时期内就能实现，因此"俗"中有"真"。第二、第三阶段则是他立于佛教认识论对未来世界的奇特思考，根本不具有现实性和可行性，完全是一种理论上的玄思，是绝对意义上的"真"。就章太炎的整个政治思想而言，他是在不断向"俗"的方面发展。民国以后，完全转向了"俗"。

国家是不得已而设之者

章太炎所处的时代，正是近代民族国家观念开始传入中国的时代，建立近代国家是那一时期先进知识分子的理想和奋斗目标。章太炎是一位真诚的爱国主义者，为推翻清朝的专制统治，建立民主共和的新国家可以做到赴汤蹈火，在所不惜。但章太炎又是一位有思想的革命家，因此，他在为创立新中国而奋斗的同时，对国家的本质又有着独特的认识。

光绪三十三年（1907）十月，章太炎发表了《国家论》一文，借用一些佛学认识论，对国家的本质进行了剖析。他认为国家的自性，都是假有的，不是实有的。国家为人民所组合，故组成国家的人民可以说是实有，而国家则无实有可言。不光是国家，凡一个村落、一个集会，也只有每个人实有自性，而村落、集会则非实有自性。总之，只有个体为真实，一切团体都是虚幻的。针对有些国家论者将国家作为主体，人民作为客体，章太炎以河床与河水的关系来加以反驳。他比喻说，现在有一条河流，河床历经千百年而没有改变，河水则从早到晚，奔流不息，明日之水，即非今日之水。如果说河床为主体，河水为客体，那么河床又指的是什么呢？河床左右两边有岸，河底有泥沙，中间是空间，河床依靠岸与泥沙而存在，可岸与泥沙的自性是土，不能说它们就是河床。可指为河床者，就是河床中间的空间。如以河床为主体，则主体就是空。空既是非有，则主体也就是非有。以此来看国家，国家除人民而外，只剩下土地山川河流。而国家论者并不以土地山川河流作为国家的主体，因此，以国家为主体者，徒有其言，并无实际。

至于国家的成立，章太炎认为，国家是不得已而设立，并无理所当然的理由。他分析说，国家最初的设立，目的是抵御外部入侵，保护自己。如蛤蚌有甲，虎豹有皮是一样的。如果没有外患，何必要建立国家？据此，他进一步认为，国家的事业，是最鄙贱的，而不是最神圣的。这是因为，所有的事业，由一人造成，才可以称得上出类拔萃，若是集众人之力而成，虽功绩显赫，应属于每个个人，元首不得居其名誉，团体也不得居其名誉。

章太炎在此文中大谈国家并非实有，国家是不得已而设立的，国家的事业并不神圣，甚至说"凡言爱国者，悉是迷妄""凡言建国者，悉是悖乱""凡言救国者，悉成猥贱"，听起来似乎是要否定国家。其实，章太炎有更深的用意。学者汪荣祖在评价章太炎的《国家论》时说：他于此文中把理想和现实分得很清楚，在理想上否定国家，不能否定在现实上需要国家。他的《国家论》，当然是泛指国家此一体制，在揭露和批判之间，自具虚无与消极的意向；然而，他发此论于辛亥前的革命年代，针对具有压迫性的特指国家——清政府与列强政府——既谓国家鄙贱，则特指之国家能不鄙贱乎？则其言论的效用显然是积极而进取的。他在《国家论》中，强调"个体为真，团体为幻"，亦非虚无的个人主义。他以个人的自由，挑战群体的压迫，在革命年代之中，也绝对是积极而非消极的。

章太炎的学术"终乃回真向俗"，在这篇文章中也有明显的体现。一方面，他以佛学认识论剥去了国家神圣的外衣，看出国家是为了保护其成员而不得不设立的，国家的事业也无神圣可言；另一方面，他又对爱国、建国、救国之举表示认同。前者是对国家本质的认识，可谓是"真"，后者则是立足现实的考虑，可谓是"俗"。鉴于当时西方列强侵略东方弱国的现实，他强调，处在强盛之地而言爱国，唯有侵略他人，应该反对，而像中国、印度、越南、朝鲜这样被侵略的国家，提倡爱国，则又有何种理由来反对？他最后总结说，爱国之念，强国之民不可有，弱国之民不可无。这如同自尊的观念一样，处在显贵的地位不可有，处在穷困的地位则不可少，这样才能自保平衡。章太炎的这种国家观看似消极，其实有积极意义，它不但揭穿了国家神圣不可侵犯的神话，而且对反对西方列强以国家的名义侵略别国，以及反对某些统治者借国家的名义来进行专制独裁统治，都具有深远的历史意义和现实意义。

恢廓民权，限制元首

章太炎在清末从事反清革命，其目的就是建立一个民主国家，这也是当时许多革命志士的共同理想。可章太炎始终是一个不被流行思想所束缚的思想家，他通过对现实的观察和思考，却发现在西方被视为民主法宝的代议制度大有问题，并不能真正实现民主和平等，于是他在批判的基础上，提出了自己的看法，因此就有了光绪三十四年（1908）写的《代议然否论》。

章太炎反对代议制有以下理由：

第一，西方诸国及日本实行代议制是因为这些国家离封建不远（此处的封建不是指近代以来开始流行的所谓封建社会制度，而是指相当于西周时期的"封国土""建诸侯"），民众有贵族平民之分。而中国社会离封建较远，民众皆平等。若实行代议制反而会使民众有贵族平民之分，不如让一个统治者掌握政权，规模廓落，对民众的苛察不能普遍，则民众得以生存。

第二，中国幅员辽阔，经济发展不平衡，人口众多，但识字人少，议员选举难以进行。他估计中国人口有四亿二千万，如按照日本的标准，需选出议员三千余人，人数太多将无法开会议事。即便按七百人计，也是六十万人中选出一人。因此，无论是单选还是复选，选举的结果都会是土豪当选，国会就会沦为奸府。如果以纳税标准来限制选举权，则会出现江南发达地区选民多，内地尤其是西北地区选民少，所选举出来的也必然是"豪右"。如此，则代议政体必不如专制为善。

第三，无论是在议员选举过程中，还是在议院成立后，各种弊端无法克服。在选举中，有权力者以权势笼络人，善言辞者以哗众吸引人，甚至用色相、金钱来打通关节，靠酒食游览来招揽人。种种不良行为，无法遏制。而且选出的议员或代表政党利益，或代表自己行业的利益，不以民意为归。

章太炎虽然对代议制颇为失望，但他设计的政治体制仍是民主制度，其宗旨就是恢廓民权，限制元首。总统由国民选出，只有那些曾担任过国家职务，功绩显著、才能突出者才有资格当选。总统的权力只限于行政、国防、外交，其他不得干预。司法不是元首的陪属，司法长官与总统地位对等。官员的处分，官民的诉讼，皆有司法长官做主。若总统有罪，可以逮捕罢黜。学校不应该隶属政府，除小学校与海陆军学校外，其他学校皆独立，校长与总统地位对等。凡法律，政府与豪右不得制定，而由法律专业人员制定。法律一旦制定，总统不得更改，官员不得违反。官员非有过失罪状，总统不得随意降调。

为了能做到抑官吏，伸齐民，凡经费出入，政府每年向国民公布财政决算与下一年的财政预算。凡因事需加税者，应先由地方官询问民众意见，民众认为可以则实行，民众以为不可则停止。民众不得无罪而逮捕，有罪由法官来处治。民众平时不能选代议士，若有外交宣战等紧急事务，可临时派人与政府对等讨论，每县一人，决议已定，政府不得擅自更改。民众有集会、言论、出版等自由。

代议制是当时世界上最为流行的民主制度，也是当时中国立宪派试图学习的榜样，其通过选举议员来实现民主的方法虽然很有效，但也弊端丛生。因此，章太炎对这种制度的批评是有针对性的，能加深中国人对代议制的认识。他所设计的政治体制，尽管有某些空想的成分，但也遵循了三权分立的民主原则，而且尤为突出限制官权，伸张民权，其民主的实质是值得充分肯定的。

各省自治为第一步

章太炎是20世纪20年代联省自治的主要倡导者。他认为中国连年动乱，就是因为中央政府过于强大、权力过于集中造成的，解决的办法就是"联省自治"。具体步骤有三：先各省自治，后联省自治，再联省政府。必须循序渐进，而以省自治为根本。省自治即以本省人充军民长官，本省人充军队警察，而长官尚须本省人民公举，不由政府除授。这样层累以成联省政府，则根本巩固，不可动摇。至于现存的中央政府，任其自生自灭。如此就可以将政治重心由中央移到地方，由军阀、政客移到各省军民。

章太炎的"联省自治"主张在南方数省得到响应。1922年1月，湖南施行《湖南省宪法》，宣布湖南为中华民国自治省，四川也通电宣布"川省自治"，广东的陈炯明也赞成"联省自治"。但联省自治运动最终还是在南北军阀的破坏下流产。

长期以来，国内学术界对章太炎"联省自治"思想评价甚低，认为那会导致地方独立、国家分裂。但亦有不同的声音。汪荣祖就认为：章氏的看法未必完善，但由历史观点来看，却十分正确。民初的个人权位斗争确实不断发生，所以除去中央集权乃是消弭祸源的根本方法。章氏的主张即使完全失败，毕竟在那段动乱时期中，为民国提供了一个政治对策。而且这个主张未必"落后"或"反动"，更非"反对共和制度"，毋宁是太前进了。至于这种主张为何失败，汪荣祖分析说，自治如同其他理性的观念，诸如民主、自由和个人主义，无法在革命的浪漫时代存在。就章氏个人而言，他与擅长政治煽动的群众运动时代也格格不入。汪荣祖的这番评价和分析未必正确，但至少能加深我们对章太炎联省自治思想的认识。

1927年，蒋介石在南京建立国民政府，但章太炎对此拒不承认，为此遭到通缉。此后数年，他以"中华民国遗老"自居，闭门著述，对政治和学术都保持缄默。

第 5 章

用宗教增进国民的道德

道德堕废者，革命不成之原

光绪三十二年（1906）十月，章太炎在《民报》上发表了《革命之道德》一文，第一次提出革命者要具有革命的道德，宣称"道德堕废者，革命不成之原"。这在中国思想史和革命史上具有重要的意义。

章太炎认为现在的革命与以往不同，中国古代的革命是"改正朔，易服色，异官号，变旗帜"，而今天的革命则是"光复"，就是要光复中国之种族，光复中国之州郡，光复中国之政权。自满族入主中原，华夏沦于异族，降为奴隶，汉族要驱逐满族，恢复中华，所以是以革命的名义，完成光复的大业。

章太炎要求革命者要具有"重然诺，轻生死"的人生价值观。"重然诺"就是要求革命者必须言行一致，不能光有革命的高调，还要有革命的实际行动。"轻生死"就是希望革命者为了实现自己的理想，要将生死置之度外，破除个人的功名利禄和儿女私情，一切以利益众生为念，甚至"头目脑髓，都可施舍与人"。

为了实现"重然诺，轻生死"的人生观，章太炎还提出了革命者必须具备的四种品德，即"知耻""重厚""耿介""必信"。

所谓"知耻"，就是能够明辨是非善恶，有所为，有所不为。礼义廉耻，国之四维，四维不张，国乃灭亡。礼义是治人之大法，廉耻是立人之大节。不廉不耻，则祸败乱亡，无所不至。在礼义廉耻四者之中，耻最为重要。人无耻，就失去了道德底线，就会无恶不作。人不廉洁以至于悖礼犯义，都是因为无耻。读书人无耻，就是国家之大耻。

所谓"重厚"，就是指个人言行要敦实守信，个人品格要纯朴忠厚，不轻佻，不浮夸，不说大话、空话。他称赞孔子所说的"君子不重则不威"，同意扬雄所说的"言轻则招忧，行轻则招辜，貌轻则招辱，好轻则招淫"。认为革命者的言论、行为、外貌、喜好倘若有失检点，不受约束，则不能成就大事业。

所谓"耿介"，就是指革命者应具有富贵不能淫、威武不能屈、贫贱不能移、刚正不阿的品德。"耿介"就是孔子所说的"非礼勿视，非礼勿听，非礼勿言，非礼勿动"。

以上三点都是章太炎借鉴顾炎武的观点，并将之引入革命道德的范畴。除此之外，章太炎还提出革命者必须具有"必信"的品德。在他看来，"知耻""重厚""耿介"都是个人束身自好的品德，而"必信"则是将个人修养上升为社会公德，为全社会带来利益。他举例说，假如现在有人让你杀人掘墓，你答应了。虽然杀人掘墓是恶德，以后要后悔，可你既然已经答应下来，就要去做。宁愿犯杀人掘墓的恶德，也不能失信，因为守信的美德足以补偿杀人掘墓的恶德而有余。他对尾生守信淹死于桥下、商鞅守信与移木者十金之事大为肯定。由此可见，章太炎对"必信"的看重，完全不考虑利益的得失。

既然革命道德如此重要，那么如何才能培养出革命道德呢？章太炎的回答就是用宗教来增进道德。早在光绪三十二年（1906）七月五日，章太炎就在东京留学生欢迎会上说：近日办事的方法，依兄弟看，第一要有感情，没有感情，凭你有千百万亿的拿破仑、华盛顿，总是人各一心，不能团结。要成就这感情，第一件事就是用宗教发起信心，增进国民的道德。若没有宗教，这道德必不得增进。

至于用何种宗教，章太炎认为：中国孔教最大的污点是使人不能脱离富贵利禄的思想。自汉武帝专尊孔教以后，这热衷于富贵利禄的人，总是日多一日。我们今日想要实行革命，提倡民权，若夹杂一点富贵利禄的心，就像微虫霉菌，可以残害全身，所以孔教是断不可用的。而基督教，西方人用了是有益的，中国人用了确实无益。因为中国人信仰基督，并不是崇拜上帝，实是崇拜西帝。最上流的，是借此学些英文、法文，可以自命不凡；其次就是饥寒无告的贫民，要借此混日子；最下流的是凭仗教会的势力，鱼肉乡民，欺压同类。所以中国的基督教，总是伪基督教，并没有真基督教。即便是真基督教今日也不可用。因为真基督教，若野蛮人用了，可以日进文明；若文明人用了，也就退入野蛮。所以真正的基督教，于中国也是有损无益。

在排除了孔教和基督教之后，章太炎选中了佛教。佛教的理论，使聪明的人不能不信；佛教的戒律，使愚蠢的人不能不信。通彻上下，这是最可用的。但现在通行的佛教，也有许多杂质，必须设法改良，才可用得。譬如净土宗，是普通老百姓所尊信的，他们所求的只是现在的康乐、子孙的福泽。以前有些崇拜科举功名的人，又将《太上感应篇》等与净土宗合为一气，烧纸、拜忏、化笔、扶箕都附会进去。所以信佛教的，只有那卑鄙恶劣的神情，并没有勇猛无畏的气概。我们今日用华严、法相二宗改良旧法。这华严宗所说，要在普度众生，头目脑髓，都可施舍与人，在道德上最为有益。这法相宗所说，就是万法惟心。一切有形的色相，无形的法尘，总是幻见幻想，并非实在真有。要有这种信仰，才能勇猛无畏，众志成城，方可干出事来。佛教里面虽有许多他力摄护的话，但就华严、法相讲来，心、佛、众生，三者没有差别。他说：我们所靠的佛祖仍是靠的自心，比那基督教人依傍上帝，扶墙摸壁，靠山靠水的气象，岂不强得多？

章太炎把世界宗教分为三类：一是多神教，二是一神教，三是无神教。中国的道教是多神教，西方的基督教是一神教，佛教则是无神教。中国因没有经过一神教的阶段，所以世人将佛也看作一种鬼神。其实佛并不是鬼神。至于佛教与革命共和的关系，章太炎认为：佛教最重平等，所以妨碍平等的东西，必须除掉。满洲政府待我汉人种种不平，岂不应该攘逐？因此，照佛教说，逐满复汉，正是分内的事。还有，佛教最恨君权，大乘戒律上说，国王暴虐，菩萨有权，应当废黜。又说，杀了一人，能救众人，这就是菩萨行。其余经论，王、贼两项，都是并举。所以佛是王子，出家为僧，他看作王就与做贼一样，这更与恢复民权的话相合。所以提倡佛教，从社会道德上考虑，固然是最为需要；从我们革命的道德上考虑，也是最为需要。

章太炎在主持《民报》期间，发表大量与佛教有关的文章，贯彻其用宗教增进道德的宗旨，这引起一些革命党人的不满。他们批评说：《民报》宜作民声，不宜作佛声。若使几亿民众都作佛声，中国岂不成了印度？几亿人皆成法师，则谁来供养？谁来御敌？但章太炎仍坚持自己的主张，他回答说，《民报》所提出的六条革命主张，是自行实行，还是要靠人来实行？若靠人来实行，则怯懦者、浮华者、猥贱者、诈伪者都不足以践行。若要实行这些主义，就必须以勇猛无畏治怯懦心，以头陀净行治浮华心，以唯我独尊治猥贱心，以力戒诳语治诈伪心。这些精神，其他宗教伦理中也许有一二，但与中国习俗最相适宜的只有佛教。我之所提倡佛教，就是要发扬芳烈，使革命者轻去就而齐生死，并非让人人成为佛教徒。顾炎武当年想以礼教来改变天下，未能成功，这是因为礼教不如戒律安稳，王阳明之学也不如大乘精严。人如果学佛，赴汤蹈火，必能发扬王学的长处，克服其放诞的短处。欲提高民众道德，舍此没有别的办法。

章太炎一生对宗教问题颇为关注，他推崇无神的佛教，特别是其中的华严宗、法相宗，而反对有神的基督教，也反对把孔教列为国教。他之所以反对惟神论是因为"惟神之说，崇奉一尊，则与平等绝远也。欲使众生平等，不得不先破神教"。他在《无神论》一文中对基督教所宣传的上帝"无始无终，全知全能，绝对无二，无所不备"不以为然，认为在逻辑上自相矛盾。无始无终就是超越时间，可是基督教教义却说上帝用七天时间创造了世界，又说有末日审判，这恰恰证明上帝的活动既有始又有终。既然上帝全知全能，人又是上帝所造，上帝必然能造出纯善无缺的人，恶性将无从出现。而现实中的人却有恶性，这就证明上帝并非全能。其他如上帝绝对无二、无所不备的逻辑矛盾也大体如此。他还进一步论证神不可能创造世界：若说万物必有创造者，则创造者自身也需被创造，推而极之，至于无穷。若说神创造万物，则神也需被创造，以此类推，也没有穷尽。因此可以断定，无神可知也。

章太炎推崇佛教、批判基督教，其目的并不在宗教本身，而仍是从增进道德方面考虑，宗教只不过是他培养道德的工具，甚至是用来反清革命的武器。台湾学者张玉法在《章炳麟的学术成就》一文中就指出：在所有宗教中，炳麟比较接近佛教，因为佛教法相等宗，没有神秘性，实不过为人生哲学。炳麟以为，道德普及之世，即宗教消融之世，于此有学者出，存其德音，去其神话，而以高尚的理想创成学说，如中国的孔子、老子，希腊的苏格拉底、柏拉图等，皆以哲学而为宗教的代起者。由此可知，炳麟是以宗教为过渡，最后希望以道德哲学代宗教。

善亦进化，恶亦进化

进化论的传入在近代中国产生了巨大的影响，立宪派和革命派虽然政治主张不同，但他们从事立宪或革命活动的思想武器都是进化论。章太炎也是进化论的信奉者，但他对进化论的认识却与众不同。当大多数人沿着直线进化的思路，坚信进化的终点是尽善尽美时，他却来个当头棒喝，在 1907 年发表了《俱分进化论》一文，提出了自己独特的"善亦进化，恶亦进化"的道德进化观。

章太炎认为，就知识而言，可以说是愈进化愈丰富。但就道德而言，则善亦进化，恶亦进化。若以生计而言，则乐亦进化，苦亦进化。双方并进，如影随形。过去善小恶也小，如今善大恶也大；过去苦小乐也小，如今苦大乐也大。

善恶苦乐的并进，可从生物界得到证明。人是生物界进化程度最高的，就道德而言，人有父子兄弟之爱，又组织团体以求自卫，所以，其他生物只有小善，而人类则有大善。但从恶的这方面来看，虎豹虽吃人，尚不自残其同类，而人则有自残同类者！国家社会未出现之前，人类之间的杀伤尚不能太大，但组成团体后，渐渐发展到用戈矛剑戟杀戮，用火器进攻，一战而伏尸百万，喋血千里，其杀伤之大已远超过远古。至于用智谋攻取者，更胜于以往。人类不光用刀杀人，更用术来杀人，钩心斗角，使同类限于悲愤失望而死者，其人数更多于战死者。由此可知，从下级哺乳动物以至于人类，其善在进化，其恶也在进化。

就生计而言，哺乳动物越进化，所能得到的快乐也越多。人不光有五官之乐，而且希望快乐能长久，除形体以外，又由饱暖而思土地，由土地而思钱帛，由钱帛而思高官厚禄。然而要想得到这些快乐，并非能一蹴而就，必将有所筹划而后才能得到。其得到的愈多，其经受的痛苦愈大。道德、功名、学问的名誉，在名誉中是最高的，但要想得到则更艰苦。即便得到，则未可知能否承受？即便能承受，则享受时的快乐越大，失去时的痛苦也越大。试看富人临死之时，其痛苦必大于穷人，而穷人之死的痛苦又必大于牛马，牛马之死的痛苦又必大于鱼鳖。这不就是快乐越进化，痛苦也越进化的证明吗？

至于善恶为何会一同进化，章太炎认为原因有二：一是由于熏习性。生物本性，无善无恶，而其作用，可以为善为恶。就生理而言，善恶种子，由其祖先遗传而来，种子不能有善而无恶，故人的行为表现也不能有善而无恶。生物为善的程度越高，其为恶的能力也越大。二是由于我慢心。古希腊人所爱好者，是真、善、美。好善的念头，只是善性；好美的念头，无善无恶；好真的念头，一半是善性，一半是无善无恶性。若人的爱好，只有此三者，则人必无恶性。可今天的人除好真、好善、好美之外，还有一个好胜心。好胜心由于执着地认为有一个"我"而起，又叫"我慢心"，则完全是恶性。所以，好真、好善、好美、好胜，兼有善、恶、无善无恶三性。人所爱好者，不能有善无恶，故人的行为，也不能有善而无恶。生物进化的程度越高，那么，它为善为恶的能力也就越大。

再以社会国家为例，欧洲各国，自斯巴达、雅典时代以来，到了今天，贵族平民的阶级，君臣男女的尊卑，逐渐消失了，人人都有平等的观念，这是社会道德善的一方面进化的结果。然而，物质文明进化的结果，人所尊崇的不再是爵位而是财富。富商大贾与平民百姓，不在一个席位上同坐，不乘一辆车出入，被雇用者对主人除竭忠尽瘁外，还要极力讨好献媚。这不是恶的一方面进化的结果吗？再如日本，自明治维新以来，国民奉法守节，以前不顾结果好斗之风，渐渐转为为国家死难，这当然是社会道德善的一方面进化的结果。然而，随着国家的繁荣，法律的完备，国民都被纳入法制的轨道，再也难见到如西乡隆盛那样"刚严直大"的英雄了。现在日本学术比以前发达，然而还有不被政府利用、不为富贵利禄动心的吗？日本维新才四十年，其善的一方面进化得如此之快，其恶的一方面也进化得同样快！再看看中国，中国自宋代以来，只有退化而无进化，不但善在退化，恶也在退化。程、朱、陆、王之徒，才能自保，而艰苦卓绝之士，或甘心隐居者，竟不可见，这就是善在退化的明证。就恶的退化而言，今天的篡权者，只能成为石敬瑭、吴三桂之流，而必不能成为桓温、刘裕之辈；今天的奸臣，只能成为贾似道、史弥远，而必不能成为元载、蔡京。朝中只有谄谀，而缺乏奸雄；乡下只有穿墙的小偷，而很少有江洋大盗。这就是恶也在退化的证明。

至于苦乐为何会一同进化。章太炎又从六个方面加以分析：（一）感官越灵敏，其感受快乐越真切，感受痛苦也越真切。（二）卫生条件越改善，越较少受伤，但受伤后越难恢复，所承受的痛苦也越大。（三）思想越发达，其对利害看得越清楚，因此，对未来的快乐越向往，对未来的痛苦也就越担忧。（四）财富越多，其得到快乐的地方就越多，其遭受痛苦的地方也越多。（五）爱好越高尚，越执着不舍弃，其得到的快乐越深切，其失去后遭受的痛苦也越深切。（六）人的寿命越长，其享受快乐的时间越久，其所受的痛苦也越久。

章太炎坚信善与恶、苦与乐，必然是一并进化，并肩前行。他的这种认识，并非是对进化的前途感到悲观，而是提醒人们不要陶醉于直线进化的幻想之中，而要对进化的前景保持清醒的态度，尽可能使进化朝着善和乐的方面发展。从历史和现实的教训来看，章太炎的这种提醒是有深刻意义的。

以儒兼侠，自无逾轨之事

章太炎毕生关注道德问题，其目的就是用道德来激发革命者的斗志，用道德来改造国民，唤醒国民的爱国热情，鼓舞国民的救国勇气。他在日本期间推崇佛教，就是要用佛教来培养革命道德，完成反清革命的大业。民国建立后，他对新旧道德失范、道德水平下降的现状极为不满。为了能更加切合实际，他在道德教育方面也从"真"转向"俗"，更倾向于用"儒行"来提高国民道德。日本侵华后，他更是大声呼吁国民"以儒兼侠"，发扬中华民族艰苦卓绝、尚德重行的传统，积极投身于抗日救亡之中。

1932 年 9 月 22 日，章太炎在江苏省立苏州中学讲《儒行》要旨。他首先对"儒"字的含义作了一番辨析。他说："儒"之一字，古人解作"柔"字。所谓"柔"者，驯扰之意也。人性本刚，一经教化，便会驯扰。宗教的作用，即在驯扰人性，所以宗教无不柔者。可见此种"儒"具有宗教的功能。然而，太柔就会失其天性，甚至连生存能力也一并丧失。宋以后的中国正是如此。

近代以来，鉴于儒者过柔之弊，有人欲以墨子之道来养成风气，补救萎靡。但章太炎认为，假如墨子之道盛行，尊天明鬼，使人迷信，发展到极点，会造成宗教上的强国，引发宗教战争。所以，与其提倡墨子，不如提倡《儒行》。《儒行》所说十五儒，大抵艰苦卓绝，奋迈慷慨。若《儒行》讲解明白，养成习惯，六国任侠之风，两汉高尚之行，不难见之于今日。转弱为强，当可立致。

《儒行》是《礼记》中的一篇，记载的是孔子向鲁哀公解释何者才是真正的"儒"。孔子列举了十五种儒者的行为，涉及容貌、防患、处世、立身、气节、出仕、远虑、胸襟、荐贤、洁身、交友、求知、治国、仁民、淑世等诸多方面。如儒者要"言必先信，行必中正""见利不亏其义，见死不更其守""可杀而不可辱""忠信以为甲胄，礼义以为干橹""身可危也，而志不可夺也""苟利国家，不求富贵"等等。这十五种儒者的行为，或讲忠信仁义，或讲临危不乱，或讲刚毅自立，或讲利国利民，都体现出一种气节高尚、注重力行的儒者风范。

1933 年 3 月 14 日，章太炎在无锡国学专门学校讲《国学之统宗》，将《儒行》与《孝经》《大学》《丧服》并列为国学之统宗。在他看来，讲明《孝经》《大学》，人之根本已立，然无勇气，尚不能为完人，所以还必须标举《儒行》。《儒行》中的十五儒，未必皆合圣人之道，然大旨不背于《论语》。两汉之人重气节，即是《儒行》的例证。苏武出使匈奴，十九年而返，赢得当时人的敬重，汉宣帝为之立图像。到了宋代，范仲淹讲气节，倡理学，但其后的理学先生却不太重视气节。宋朝灭亡后，像冯道这样的不倒翁不知有多少，这都是轻视气节的缘故。假如日本人要灭亡中国，中国人如果都像东汉的儒者那样，决不会服从，若像南宋诸贤那样，服从者必有一半。因此，欲求国势之强，民气之尊，非提倡《儒行》不可。

除大力提倡"儒行"外，章太炎对侠义之士也极为欣赏。他在《儒侠》一文中写道，侠者虽没有著作传世，不能列入诸子学，"然天下有亟事，非侠士无足属"。天下大乱时，侠者敢于反抗暴政，为朋友报仇，为国民发愤，对残害百姓的统治者，用利剑刺之。太平之世，文明之国，法律轻而奸谀者不畏惧，即便犯下滔天大罪，依然在位，即便下台，勾结朋党还能东山再起。此时，非有刺客不足以消灭这类巨奸大恶。因此，侠客在乱世则辅助民众，在太平之世则辅助法律。

侠者的这种仗义直行的举动与"儒行"的本质相通，"儒者之义，有过于杀身成仁者乎？儒者之用，有过于除国之大害，捍国之大患者乎？"世有大儒，应当举侠士而包容之。

由于侠者往往"以武犯禁"，与法律不相容。为了解决这一矛盾，他提出"以儒兼侠，自无逾轨之事矣"。这样做一方面能避免与法律的冲突，另一方面也能发挥侠士的道德感召力。对于侠者慷慨奋厉、矜节自雄的放任作风，只要用《儒行》中修己成人、行己有耻的道德规范来加以约束和疏导，不但无害于社会，反而能救世道之急。

章太炎提倡"儒行"和以儒兼侠，看似保守，其实内含深意。晚清以来的中国，国势衰落，内忧外患，外有列强的入侵，内有朝廷的腐败，亡国灭种的危机迫在眼前。而当时的中国人，素质低下，精神萎靡，柔性太过，刚性不足，难以承担起救亡图存的使命。章太炎作为一位从旧学营垒中走出来的革命家，利用传统文化的资源来鼓吹革命是其思想的主要特色。在道德建设方面，他中年时期推崇佛教，希望以佛教的"无我""无畏"来激发革命者的斗志。他晚年又看重"儒行"和侠义精神，同样是从传统文化中来寻找提高国民道德的良方。他批评宋代以来儒学功利和怯懦的一面，而张扬原始儒学的阳刚之气，并以游侠之风来补充。他希望通过发扬"儒行"和侠义精神，使中国人既具有儒者的艰苦卓绝、奋厉慷慨之气，又具有侠者的仗义直行、蹈厉敢死之风，从而担负起救亡图存的历史使命。章太炎是这种道德的主要宣传者，更是亲身实践者，他一生的革命实践充分证明了他就是一位裹着儒学和佛学外衣的"大侠"。

第 6 章

上天以国粹付余

　　章太炎在上海坐牢期间曾有过"上天以国粹付余"的自负，在北京被囚期间又发出"吾死以后，中夏文化亦亡矣"的豪言。他往往在自己面临绝境、濒于死亡之际，将自己视为中国文化的化身和传承者，自己若死，中国文化也将随之消亡。这虽然是章太炎一贯自视甚高、信心爆棚的流露，但在中国近现代学术史上，他无疑是最有资格说这种大话的学者之一。他不仅作为革命家、思想家而名垂青史，更是中外学术界公认的国学大师，在小学、经学、诸子学、史学等领域都取得了卓越的学术成就。

小学者，国故之本

　　光绪三十二年（1906）七月十五日，章太炎在东京留学生欢迎会上，谈起近日要办的两件事：一是用宗教发起信心，增进国民的道德；二是用国粹激动种姓，增进爱国的热肠。他在解释何为提倡国粹时说，国粹不是要人尊信孔教，只是要人爱惜我们汉种的历史，这历史就广义而言，可以分为三项：一是语言文字，二是典章制度，三是人物事迹。

　　章太炎把语言文字列为国粹第一，可见他对语言文字的重视程度。他接着进一步阐释了中国语言文字的特点和文字与国家民族的关系。他指出，中国的文字，与地球各国都不同，每一个字，有它的本义，又有引申之义。中国的话，处处不同，也有同是一字，彼此声音不同的，也有同是一物，彼此名号不同的。这一种学问，中国称为"小学"，与欧洲的比较语言学范围不同，性质有几分相近。因为造字时代先后不同，因此，可以根据造字的先后，推见建置事物的先后。若不略知小学，则史书上的记载，断断不能全懂。随着新事物的增多，必须增造新字，才能应用，但非略通小学，造出字来，必定不合六书规则。至于和合两字，造成一个名词，若非深通小学的人，总是不能妥当。而且，文辞的根本，全在文字。唐代以前，文人都通小学，所以文章优美，能动感情。两宋以后，小学渐衰，一切名词术语，都是乱搅乱用，也没有丝毫可以动人之处。一国之人，必看本国文字，方觉有趣。可惜由于我国小学日衰，文辞也不成个样子。若是提倡小学，能够达到文学复古的时候，这爱国保种的力量，不由你不伟大的。

　　语言文字不仅与国家民族的命运息息相关，而且，也是研究历史文化的基本工具。若不通小学，则一说就错。他举例说，宋代的朱熹，一生研究五经、四子诸书，废寝忘食，可是纠缠一生，仍弄不明白。实在是因为他在小学上没有功夫，所以如此。清代毛西河事事和朱熹作对，但他也不从小学下手，所以反对的论调也都错了。可见通小学对于研究国学是极重要的一件事了。据此，他断言："小学者，国故之本，王教之端，上以推校先典，下以宜民便俗。"

　　章太炎在语言文字学方面的成就极为杰出，在近代中国难有匹敌者。他这方面的论著主要有《訄书》中的《方言》《订文》《正名杂义》等，以及《论语言文字之学》《新方言》《小学答问》《文始》《国故论衡》《中国文字略说》《驳中国用万国新语说》等。这些论著涉及汉语的形成、发展和历史地位，各地方言的统一，古音演变，汉语拼音改革等方面。

在语言起源问题上，章太炎明确指出，语言起源于对于客观事物固有特征的反映："语言何自起乎？呼马而马，呼牛而牛，此必非恣意妄称也。诸言语皆有根。"他举例说，雀之得名，是由于其叫声即即足足；鹊之得名，是由于其叫声切切错错；鸦之得名，是由于其叫声亚亚；马之得名，因其武；牛之得名，因其事。语言起源于人的实践，因此，语言随着实践的发展而发展。"太古草昧之世，其言惟以表实，而德、业之名为后起。故牛、马之名成立最早，而事、武之语即有牛马变化而生。稍近文明，则德、业之语早成，而后施名于实。"他还强调，物之得名，大都由于感觉。"感觉之罿异者，刺激视听，眩惑神思，则必为之立一特别之名；其无所罿异者，则不为特名，而惟以发声之语命之。"

中国文字由"六书"构成，六书，就是《说文解字》所列的指事、象形、形声、会意、转注、假借。章太炎认为，最早出现的是象形字，之后出现的是指事与会意两类文字。社会逐渐发展，以上三种造字方法不够用时，才产生了形声、转注、假借三种新的方法。转注，是由某一语源或同一语根循其声义，派生出若干新词，来表达新的事物。假借，是在文字日益繁衍而必须加以节制时，赋予旧有的字词以新意，以有限的文字组成新词，表现各种新的事物。

章太炎认为，人类先有语言，然后才出现文字，文字总是先有声，然后才有形。形以表音，音以表言，言以达意。因此，形体、音韵、训诂三者必须同时并重。1922 年他在上海讲学中说，研究小学有三法：一是通音韵。古人用字，常同音相通，这大概和现在的人写别字一样。凡写别字都是同音的，不过古人写惯了的别字，现在不叫他写别字罢了。但古时同音的字，现在多不相同，所以更难明白。我们研究古书，要知道某字即某字之转讹，先要明白古时代的音韵。二是明训诂。古时训某字为某义，后人更引申某义转为他义。可见古义较狭而少，后义较广而繁。我们如不明白古时的训诂，误以后义附会古义，就要弄错了。三是辨形体。近体字中相像的，在篆文未必相像，所以我们要明古书某字的本形，以求古书某字的某义。历来讲形体的书是《说文》，讲训诂的是《尔雅》，讲音韵的书是《音韵学》。如能使《说文》《尔雅》《音韵学》都有明确的观念，那么，研究国学就不致犯那"意误""音误""形误"等弊病了。

中国地域辽阔，方言众多，这也是研究语言文字学必须要面对的问题。章太炎在这方面也有重要的贡献。早在《訄书》的《方言》篇中，他就专门研究过方言问题，倡导全国各地不仅要使用同一种文字，而且要使口语相通，以促使种族融合。在流亡日本期间，他进一步研究各地方言，写成了《新方言》一书。

《新方言》分成释词、释言、释亲属、释形体、释宫、释器、释天、释地、释植物、释动物、音表十一篇，约八百条。此书开启了现代中国方言研究之门，推动了方言的调查与研究、方言文学的搜集与整理，形成了有系统的分析语言、比较音韵、词汇语法研究等新的研究方法。

章太炎在古音学方面也有诸多创建。他在清代学者研究的基础上，将古韵分成二十三部，并拟定诸部音读。他在将《广韵》中的二百六韵统合为二十三部时，创立了正韵与支韵两分之说。在古音纽方面，他提出古音娘、日二纽统归于泥。他还在《文始》一书中发明并熟练运用对转、旁转等五类条例。

章太炎在日本期间所写的《文始》《小学答问》《新方言》《国故论衡》等著作，构成一个整体，阐述了中国语言文字的内在统一性与规律性，坚持从中国语言文字的实际出发，推动语言文字的近代化，建立统一的近代民族语言文字，以适应社会发展的需要。

光绪三十四年（1908），远在法国巴黎的《新世纪》杂志载文认为中国应废除汉字，改用万国新语，这引起了章太炎与《新世纪》编者的争论。《新世纪》废除汉字的理由是：象形字是未开化人所用，合并字（即拼音文字）为开化人所用。而且汉文纷杂，非有准则，不能视形而知其字，故应当以万国新语而代之。万国新语，即世界语，是当时一些欧洲学者所创造的一种国际辅助语，它以印欧语系为基础，在语音、词汇、语法方面稍加改造而成。

章太炎同《新世纪》的论战，主要集中在如何认识汉字、汉语和世界语这几个问题上。他指出，语言是思维的工具，是社会交往的产物，由于思想意识形态不同，更由于社会生活和交往的不同，所以语言就必然会有不同。语言的本质决定民族语言与民族生存、民族特性、民族文化密不可分。只要国家不消亡，民族界限不消除，民族语言就不可能消灭，不能用强制的手段消灭一种民族语言，而使之改用另一种民族语言。否则会"举文史学术之章章者，悉委而从他族，皮之不存，毛将焉附？"其结果必然会导致"语言文字忘，而性情节族灭"。至于万国新语，本以欧洲为本，对其他各洲的语言未有所取，不足以流行世界，命为"万国新语"不如命为"欧洲新语"。

针对《新世纪》批评汉语不是合音字，纷杂难学，章太炎反驳道，象形字、合音字，孰优孰劣，难以定论。合音之字，视而可识，但只识其音，不能识其义，这与象形字相比，相差甚远。至于中国人识字人少，全在有无义务教育，不在象形、合音的差别。汉字若直接改为拼音文字，则只能增加语言的混乱，导致严重的后果。

为了解决汉字难读难认的问题，章太炎主张利用传统的草书，借助于草书字形的定型化，使汉字笔画由繁趋简，同时，制定一套简便的注音方法。他"取古文篆籀径省之形"，制定了五十八个注音符号，其中"纽文为三十六，韵文为二十二""上纽下韵，相切成音"。他建议，儿童入学时，先教以五十八音，又别其分等分声之法，然后再教以五百四十部首，使他们了解字形结构和形义关系。之后就可以教授他们蒙学课本。运用这一方法，打下形体音训的根柢，即便以后失学，也不至于变成文盲。

章太炎在汉字注音方法的探索方面，对以后汉语注音符号的出现产生了重要影响。民国时期，在中国各大学讲语言文字学的，多是他的弟子。1913 年，教育部召集"读音统一会"，章太炎的弟子胡以鲁、周树人、朱希祖、马裕藻、许寿裳等联合提议采用他所制定的注音符号，得到全会赞同。从此这套注音符号在中国运用了几十年，直到 1958 年才被汉语拼音方案所取代。

章太炎是近代首屈一指的语言文字学大家，他在这方面取得的卓越成就受到时人和后人的高度评价。梁启超在《清代学术概论》中评价说："其治小学，以音韵为骨干，谓文字先有声然后有形，字之创造及其孳乳，皆以音衍。所著《文始》及《国故论衡》中论文字音韵诸篇，其精义多乾嘉诸老所未发明。

应用正统派之研究法，而廓大其内容，延辟其新径，实炳麟一大成功也。"现代学者宋应彬认为，太炎先生在小学方面的成就最大。清儒自顾炎武以下，大都致力于音韵文字之学，多所发明，而贯穿众说，总会诸家，集三百年音韵文字学之大成者是太炎先生。

学术万端，不如说经之乐

章太炎的学术是以经学起家的，诂经精舍的八年苦学，为他打下了深厚的经学功底，《春秋左传读》就是其早年研究经学的成果。章太炎一开始治经走的是乾嘉考据学的老路，但他后来没有成为固守一家的经师，而成为用新思想和新方法研究经学的大家，其在经学方面的贡献绝非传统经师所能望其项背的。

经学，简单地说就是指训解和阐释儒家经典的学问。儒学本是先秦诸子学之一，汉代以后立为官学，儒家典籍就成了"经"，对其进行字义上的解释和义理的阐发就是经学。汉代以后的经学，无论是古文经学，还是今文经学，都把儒家典籍称为至高无上的经典，突出强调它的神圣性、权威性和永恒性。如汉代班固在《白虎通德论》中对"经"的解释是："经，常也。有五常之道，故曰五经。"刘勰在《文心雕龙》中说："经也者，恒久之至道，不刊之鸿教也。"

章太炎对此不以为然。他从近代学术的立场出发，利用他在文字学方面的特长，对"经"作出了新的解释。他认为，"经"不过是普通的古书而已，一些书籍之所以称为"经"，是因为古代竹简系用"绳索联贯"，"经者，编丝缀属之称"。他在《国学概论》中更明白地说，"经"字原意只是一经一纬的经，即是一根线，所谓经书只是一种线装书罢了。明代有线装书的名目，即别于那种一页一页散着的八股文墨卷，因为墨卷没有保存的价值，别的就称作线装书的了。古代记事书于简，事多一简不能尽，遂连数简以记之。这连各简的线，就是"经"。可见"经"不过是当代记述较多而常要翻阅的几部书罢了。非但没含宗教的意味，就是汉时训"经"为"常道"，也非本意。后世疑"经"是经天纬地之"经"，其实只言经而不言天，便已不是经天的意义了。章太炎把"经"解释为制作古书的材料和方法，从根本上剥去了"经"身上的神秘色彩，打破了人们对"经"的迷信，把经学研究真正纳入了近代学术的范畴。

"经"的本义搞清楚了，接下来的问题就是："经"是从何而来？是不是孔子所作？按照今文经学家的说法，六经都是孔子"制作"，专门用来教化世人，为千秋万世确立一套永恒准则。康有为就说："学者知六经为孔子所作，然后孔子之为大圣，为教主，范围万世而独尊者乃可明也。"另一位今文经学家皮锡瑞在《经学历史》中更强调："必以经为孔子作，始可以言经学；必知孔子作经以教万世之旨，始可以言经学。"但章太炎认为，这些说法不符合历史事实。即以尧、舜、汤、武之事而论，不仅儒家经典中谈到，九流中的其他八家也曾谈到。如果尧、舜、汤、武之事都是孔子虚构的，那么，与孔子同时代的那些著述，为何会舍弃事实而不顾，非要同孔子虚构的事实相同呢？这就证明，六经并非孔子制作，而是孔子依据旧籍删定而成；六经中的古代史事也并非孔子杜撰，而是老子、墨子等都熟知的陈说。

在弄清"经"的本义和来源之后，章太炎发挥了章学诚

"六经皆史"的观点，得出了"六经皆史之方"的结论。他在《国学概论》中说："六经皆史也"，这句话详细考察起来，实在很不错。在六经里面，《尚书》《春秋》都是记事的典籍，我们当然可以说它们是史。《诗经》大半部是为国事而作（《国风》是歌咏各国的事，《雅》《颂》是讽咏王室的），像歌谣一般夹入很少，也可以说是史。《礼记》是记载古代典章制度的（《周礼》载官制，《仪礼》载仪注），在后世本是史的一部分。《乐经》虽是佚失，想是记载乐谱和制度的典籍，也含史的性状。只有《易经》一书，看起来像是和史没关系，但实际上却也是史。太史公说："《易》本隐以之显，《春秋》推见以至隐"。引申他的意思，可以说《春秋》是胪列事实，中寓褒贬之意；《易经》却和近代社会学一般，一方面考察古来的事迹，得着些原则，拿这些原则，可以推测现在和将来。简单说起来，《春秋》是显明的史，《易经》是蕴涵着史的精华的。因此可见，六经无一非史，后人于史以外，别立为经，推尊过甚，更有些近于宗教。

在坚持经学即史学的基础上，章太炎提出了研究经学的方法，即以比类知原求进步。他在《国学概论》中说：从根本上讲，经史是决不可分的。经是古代的历史，也可以说是断代史。我们治史，当然要先看通史，再治断代的史，才有效果，若专治断代史，效果是很微细的。治经，不先治通史，治经不和通史融通，其弊与专治断代史等，如何能得到利益？前人正犯此病。所以他主张比类求原，以求经史的进步。至于如何是比类求原？章太炎解释说，经典中的《尚书》《春秋》，是后代"编年""纪传"两体之先源。刘知几曾说"纪传"是源于《尚书》，"编年"是源于《春秋》。章学诚也曾说后代诸史皆本于《春秋》。所以治经：对于"制度"，下则求诸《六典》

《会典》诸书，上以归之于《周礼》《仪礼》。对于地理，下则考诸史及地舆志，上以归之于《禹贡》及《周礼·职方志》。即风俗道德，亦从后代记载上求源于经典。总之，把经看作古代的历史，用以参考后世种种的变迁，于其中看明古今变迁的中心。那么，经学家最忌的武断、琐屑二病，都可以免除了。未来所新见的，也非今日所可限量呢！章太炎的这种治经方法无疑是经学研究近代化的不二法门。

章太炎不仅在经学理论方面有重要的贡献，而且在经学典籍研究方面也很有成绩。他早年研究的重点是《春秋》和《左传》，写成了《春秋左传读》一书。此书依据乾嘉考据方法，对古文献进行广泛的比较研究，充分发挥了他在文字音韵学方面的长处，解难释疑，取得了富有学术价值的成果。他中年后转向对《易经》的研究，主要论著有《八卦释名》《诸子学略说》《检论·易论》《国学讲演录》等。他反对把《易经》说成是"纬书"或道家的书，而是把它与近代社会科学联系起来，把《易经》看作探讨社会发展变化的学说。如他把《易经》六十四卦中的一些卦，像"屯""蒙""需""讼""师"等，分别表示社会发展的不同阶段。"屯"为人类社会的草昧时期，民如野鹿，以狩猎为生，婚姻未定，以劫掠为室家。"蒙"则进一步发展，开始有了婚姻。"需"指进入农耕时代。"讼"指社会出现矛盾和纷争。"师"则指有了战争。这种从社会学的角度来研究《易经》，开创了经学研究的新思路、新途径，有积极意义，但其中也有牵强附会之处。章太炎晚年对《礼》有较多关注，将《礼记》中《儒行》《丧服》与《孝经》《大学》并列为国学之综宗，对《丧服》评价犹高，认为它能"辅存礼教，维系民俗"，是中华之异于他族而亟须保存者。对古礼也下了很大功夫加以考订。

光绪三十一年（1905），章太炎在给刘师培的信中说"学术万端，不如说经之乐"。从章太炎一生的学术经历来看，他治学以经学始，又以经学终，经学是贯穿他一生的学术生命线。他在经学方面取得的成就得到时人及后人高度的评价。姜义华在《章太炎思想研究》中评价说：章太炎的经学批判，并不彻底，传统的影响不时地总要在他身上这里或那里流露出来，但是，他毕竟在康有为开了第一炮之后，给了封建经学的统治以更为坚实与更为有力的一击。而这一击之所以更为有效，则正因为他在经学批判中坚持了与康有为异趣的求实与求真的精神。唐文权、罗福惠在另一本《章太炎思想研究》中也认为，章太炎的经学，是对传统的经学观（神学目的论、政治功用论、伦理劝教论）、旧的经学研究法（神怪、附会、考据）的冲决突破，对于传统学术中的封建糟粕作了初步清除，是近代经史观、近代的传统文化研究方法的初步确立。他们还从思想史、学术史的发展上指出，章氏的经学，谈平等，崇自由，尊个性，斥宋儒，反束缚，闪耀着思想解放的光辉。在客观上，章氏之正统经学与康有为的异端经学，还有东渐的西学，既交相搏击，又彼此渗透，不谋而合地共同冲击着、破坏着陈旧的传统文化。这些当然是从"破"的一方面来说的，其实，章太炎的经学研究对我们今天更好地理解和弘扬传统文化中的有益成分也有着重要的启发和借鉴意义。

周秦诸子，其堂奥也

宣统元年（1909），章太炎在《国粹学报》上有一段这样的表白：自己与学子讨论问题，以音韵训诂为基础，以周秦诸子为极致，此外兼讲释典。盖学问以语言为本质，故音韵训诂，其管龠也，以真理为归宿，故周秦诸子，其堂奥也。在他看来，音韵训诂不过是入学的门径，而周秦诸子才是真正的学术殿堂。可见他对诸子学的重视。

周秦诸子是中国文化的源头，儒学在成为"经学"之前也是诸子之一家。章太炎以经学起家，自然对诸子学不会陌生。特别是中年以后，他学术的重点转向了佛学和诸子，并且用佛学来解诸子，独辟蹊径，发人所未发，开辟了诸子学研究的新天地。

章太炎研究诸子学的一大特点是始终将儒学列入诸子之中，对"儒"的源流、门派、经师与儒学的区别进行了精辟的考证和辨析。在《原儒》一文中，他将"儒"分为三类：一是"达名之儒"。指儒的普遍概念或广义之儒，泛指一切法术之士，包括一切有术有能之士。按照这一概念，战国时期的道家、墨家、名家、法家、阴阳家等都是术士，都可以称为儒。二是"类名之儒"。指从类的意义上对儒的界定。这里的"儒"是一种职业，是指以"六艺"即礼、乐、射、御、书、数教授人民的人。三是"私名之儒"。这才是指以"宗师孔子，宣传六经"为目标和信仰的儒家学派。春秋以后，儒家分为二宗：一曰孟子，一曰荀子。大抵经学之士多宗荀子，理学之士多宗孟子。汉以后的儒家，大体分为两派：一派是专讲修己治人；一派则讲明心见性。

长期以来，人们普遍以为，汉以后的儒学就是经学，儒家与经师没有什么区别，而章太炎正是在这个问题上有独到的见解。他认为经师与儒家关系密切，但又有所不同。从源头上讲，孔子以后，儒家、经师开始出现分野：有商订历史之孔子，其贡献是删定六经；有从事教育之孔子，其言论则为《论语》《孝经》。前者后来成为经师，后者后来成为儒家。从职责上讲，儒生以致用为功，经师以求是为职。经师说经是为了保存古籍，弄清古义，并不是为了适应今天的需要。经师的目标是实事求是，有用与否，不在考虑之内。章太炎对儒家和经师的区分是他始终把儒家列为诸子学的理由之一，在儒学研究史上具有开创性的意义。胡适对《原儒》一文有很高的评价：太炎先生这篇文章在当时真有开山之功，因为他是第一个人提出"题号由古今之异"的一个历史见解，使我们明白古人用这个名词有广狭不同的三种说法。太炎先生的大贡献在于使我们知道"儒"字的意义经过了一种历史的变化，从一个广义的，包括一切方术之士的"儒"，后来竟缩小到那"祖述尧舜，宪章文武，宗师仲尼"的狭义的"儒"。这虽是太炎先生的创说，在大体上是完全可以成立的。

儒家的创始人是孔子，章太炎对孔子的评价有几多变化，一开始是抬高诸子而不贬低孔子，中间是抬高诸子而贬低孔子，最后是融孔、道、佛为一体，还是以孔子为至尊。在光绪三十二年（1906）的《诸子学略说》一文中，他对孔子及儒家提出了尖锐的批评，认为儒家之病，在以富贵利禄为心。孔子所处的春秋时期，世卿当政，贤路壅塞，孔子得不到重用，所以作《春秋》来批评世卿，表达自己的志向。他教授弟子，也只是希望他们成为吏才，以便从政。孔子之教，唯在趋时，其行义从事而变。故道德不必求其是，理想也不必求其是，只要能便于行事则可。因此，若用儒家道德，则艰苦卓厉者绝无，而冒突奔竞者皆是。这简直把儒家说成是没有原则、只求富贵的利禄之徒。他还说：儒家的理想，"宗旨多在可否之间，议论止于函胡之地"。西方的耶稣教、天主教，崇奉一尊，其害处在于堵塞人的思想，而儒术的害处，在于淆乱人的思想，因此，程、朱、陆、王诸家只知道权变而不知务实。他甚至说：孔子的权术来自老子，而且超过老子。孔子得到老子的权术后，还要杀老子，老子为躲避追杀，才西出函谷关，写成《道德经》一书，将孔子得到的权术公布于天下。这段"孔子要杀老子"的奇闻，并无历史根据，全是出自章太炎的想象，但这对孔子及儒家的打击却是致命的，以至于有人认为"五四"以后"批孔"思潮也与此有关。

进入民国以后，章太炎对孔子及儒学的态度发生了很大变化，评价越来越高。他以佛证孔，用佛教唯识论来解释《论语》中的一些语句，并以佛学为纽带，将孔子与老子、庄子联系在一起。到了晚年，他更认为："孔子书昭如日月，《论语》二十篇，高者如无我、无知、克己复礼诸义，本已正趣佛家大乘，若其普通教告之语，德行政事，何所不备？此乃较佛家为近人。"这就是说，孔学既符合佛教唯识论之义，与大乘佛学旨趣相同，又不离人间道德政事，更容易为人们所接受，因此，治国安民之道，还是孔学最适宜。

章太炎对道家，特别是庄子的研究最富精义。1910至1911年间，他撰写了《齐物论释》一书，后又加以修订，形成《齐物论释》定本。这部书是对《庄子》内篇《齐物论》的考释总汇，但与一般研究《庄子》的著作不同。他用佛家学理和西方哲学思想阐释《庄子》，融诸子学、佛学、西学于一炉，开辟了《庄子》研究的新天地。他认为，《庄子》的根本宗旨就是"自由"和"平等"，《逍遥游》谈"自由"，《齐物论》主"平等"，这些内容都与佛教思想相通。但他对"齐物""平等"的理解又与众不同，他所言的平等就是："无物不然，无物不可"（万物都是理所当然，万物都是适得其所）；"风纪万殊，政教各异"（风物各有不同，政教各有差异）；"物畅其性，各安其所安；世情不齐，文野异尚"（万物各发扬其本性，各遵循自身的发展规律；世间万物本不一致，所谓的文明和野蛮应相互尊重）；"两不相伤，乃为平等"（不同的事物不相伤害，就是平等）。他认为"庄生正以不齐为齐，未尝欲强齐之也"。台湾学者汪荣祖对此的理解是：不要强齐，所以存异；能够存异，才有平等可言。就人格而言，应尊重个性的独立；就文化而言，应各尊其异。由此引申，自然可以获致文化多元的结论。中西文化之间，也应相互尊重其异，平等相待，不应让近代西方文明征服各个不同的文化。此可说明，在强大雄浑的西方文明的冲击下，太炎在寻求中国文化独立自主的思想趋向。

中国文化一直有"尚同"的传统，历代统治者更用专制手段强迫天下一式，唯我独尊。这些都与近代以来追求自由、崇尚个性的潮流相悖。章太炎融庄子、佛学、西学为一体，强调"平等"就是尊重差异，不贵己贱人，不强人同己，这样就能达到"不齐为齐"的平等目的。英国思想家约翰·密尔在《论自由》中将个性看作给人类带来福祉的因素之一。他在书中写道："人性不是一架机器，不能按一个模型铸造出来，又开动它毫厘不爽地去做替它规定好了的工作，它毋宁像一棵树，需要生长并且从各方面发展起来，需要按照那使它成为活东西的内在力量的趋向生长和发展起来。"个性如此，文化、制度也应如此。由此可见，章太炎在《齐物论释》中所阐释的"自由""平等"与近代西方资产阶级所倡导的自由平等本质上是相同的，只不过他是从中国传统文化（庄子与佛学）中挖掘出来的深意，真可谓"千载之秘，睹于一曙"。

章太炎后来在《国学概论》一书中对《庄子》的自由和平等及其与佛教的相通之处，有更通俗的解释。他说，庄子的根本主张，就是"自由""平等"。自由平等也见于佛经，"自由"在佛经称为"自在"。但庄子的自由平等，和近人所称的，又有些不同。近人所谓平等，是指人和人的平等，那人和禽兽草木之间，还是不平等的。佛法中的所谓平等，已把人和禽兽平等。庄子却更进一步，与物都平等了。仅是平等，他还以为未足。他以为"是非之心存焉"，尚是不平等，必要去是非之心，才是平等。如何而能达到平等自由，他的话很多，差不多和佛法相近。庄子"无我"的主张，也和佛法相同。

除儒家和道家外，章太炎对法家和墨家的研究也有独到之处。他认为法家本原于道家。他肯定管子、申不害、商鞅等法家并非"胶于刑律"的刀笔吏，而是有如西方的政治家。法家尽管刻薄寡恩，但为治国提供了重要的依据和手段，管子使齐称霸，商鞅使秦致强，都显示了法家的效用。对于墨家，他将其视为宗教家，对其兼爱、节用、尚俭思想，以及"摩顶放踵"的精神表示肯定，并认为"墨子之学，诚有不逮孔、老者，其道德则非孔、老所敢窥视也"。但墨学既尊信鬼神而又言无命，自相矛盾，不懂得音乐在建立宗教中的作用，故后来失传。

章太炎的诸子学著作主要有《訄书》《诸子学略说》《检论》《齐物论释》《国故论衡》和《章氏国学讲习会讲演记录》中的《诸子略说》等，他对自己的诸子学研究自视甚高，自谓《齐物论释》是一字千金之作。当时及后来的学者对他的诸子学也评价很高。梁启超在《清代学术概论》中说：炳麟用佛学解老庄，极有理致，所著《齐物论释》，虽间有牵合处，然确能为研究"庄子哲学"者开一新国土。梁启超在《中国近三百年学术史》中又称：章太炎《国故论衡》中有《原名》《明见》诸篇，始引西方名学及心理学解《墨经》，其精绝处往往惊心动魄。

胡适在《中国哲学史大纲》中认为章太炎的诸子学研究已突破了清代汉学家的藩篱：清代的汉学家，最精校勘训诂，但多不肯做贯通的功夫，故流于支离破碎。校勘训诂的功夫，到了孙诒让的《墨子间诂》，可谓最完备了，但终不能贯通全书，述墨学的大旨。到章太炎方才于校勘训诂的诸子之外，别出一种有条理系统的诸子学。太炎的《原道》《原名》《明见》《原墨》《订孔》《原法》《齐物论释》都属于贯通的一类，《原名》《明见》《齐物论释》三篇，更为空前的著作。

现代著名学者侯外庐从"破"和"立"两方面评价说：太炎对于诸子学术的研究，堪称近代科学整理的导师，其文如《原儒》《原道》《原名》《原墨》《明见》《订孔》《原法》，都是参伍以法相宗，而义徵严密地分析诸子思想的。他的解析思维力，独立而无援附，故能把一个中国古代的学库，第一步打开了被中古传袭所封闭着的神秘壁垒，第二步拆散了被中古偶像所崇拜着的奥堂，第三步根据他自己的判断能力，重建了一个近代人眼光之下所看见的古代思维世界。

至于章太炎的诸子学研究为何能产生较大的影响，唐文权、罗福惠在《章太炎思想研究》一书中分析说：章太炎对周秦诸子学的研究，明显地起了承前启后的沟通和推动作用。清代诸朴学大师于治经之余也曾旁研诸子，但其内容尚停留在勘订文字、训释名物的阶段。即使是稍晚的俞樾的《诸子平议》、孙诒让的《墨子间诂》，虽然篇幅宏大，功力深厚，考释精细，但其影响却始终不及章氏的这些论文。这里的原因，就在于章氏的诸子研究打破了传统的治学方法，具有近代社会科学研究的意义，不仅多有自得，尤能多层次、多角度、用联系对比的方法、深入分析诸子思想，为我们展现了一个近代思想家眼光之下的古代思维世界。举凡周秦诸子在哲学、政治、宗教、伦理、逻辑等各方面的建树，章氏无不穷其原委，极其短长，取精用宏，能见其大处，此皆前人都未能作。

太炎学之精神，其在史学乎

章太炎是近代"史学革命"的代表人物之一，他虽没有写出专门的史学著作，但他在《訄书》及诸多的论文、书信中对史学有大量的评论和研究，特别是"九一八"事变以后，他在北京、苏州讲学中，极力提倡读史，声称：人不读经书，则不知自处之道；不读史书，则无从爱其国家。有史而不读，国家之根本先拔矣。

章太炎的史学贡献主要体现在批判旧史学，建立新史学，以及在国难当头之际大力提倡读史这三个方面。在《訄书》中，他认为旧史学的弊端主要有：第一，统治者为维护专制统治，摧残史料，尤以清代为甚；第二，只单纯铺叙或罗列史料，而无抽象之原理；第三，内容褊狭，贵其记事，而文明史不详。

在如何建设新史学方面，他曾有一个庞大的撰写《中国通史》计划。其史目包括：

五表：帝王表、方舆表、职官表、师相表、文儒表。

十二志：种族志、民宅志、食货志、工艺志、文言志、宗教志、学术志、礼俗志、章服志、法令志、沟洫志、兵志。

十记：革命记、周服记、秦帝记、南胄记、唐藩记、党锢记、陆交记、海交记、胡寇记、光复记。

八考纪：秦始皇考纪、汉武帝考纪、王莽考纪、唐太宗考纪、宋武帝考纪、元太祖考纪、明太祖考纪、清三帝考纪。

二十七别录：孔老墨韩别录、管商萧诸葛别录、李斯别录、董仲舒别录、刘歆别录、朱熹王守仁别录、顾黄王颜别录、郑成功张煌言别录、多尔衮别录、曾李别录、洪秀全别录、康有为别录、游侠别录、货殖别录、刺客别录、会党别录、逸民别录、方技别录、畴人别录等等。

这个《中国通史》计划虽然没有完成，但也能看出章太炎的史观与旧史学明显不同：不再以帝王将相为主，增加了许多社会史、文明史的内容，特别是将洪秀全列入别录，甚至列入纪中，表明对太平天国农民起义的肯定。

在具体历史人物和事件的评价上，章太炎与传统史学也有显著不同，有时爱作翻案文章。如对秦始皇的评价，他在《秦政记》《秦献记》中肯定了秦始皇统一中国的历史功绩，肯定了中央集权制在一定历史条件下的进步作用。他在辛亥革命之后上的《稽勋意见书》中，把洪秀全、杨秀清、石达开、陈玉成、李秀成等十位太平天国农民起义领袖称为"倡义起兵功烈卓著者"，建议给予表彰。

1931年"九一八"事变爆发后，章太炎的民族主义热情重新点燃，他在北京、苏州讲学期间，大力提倡读史，把历史看成当时切要之学。他在《论今日切要之学》的演讲中说：现在的青年应当知道自己是什么时候的人，现在的中国是处在什么时期，自己对国家负有什么责任。这一切在史志上面全都可以找到明确的答案。若是连历史也不清楚，则只觉得眼前混沌万状，人类在那里栖栖皇皇，彼此似无关系，展开地图不知何地系我国固有、何地系我国尚存者、何地已被异族侵占，问之茫然无以对，比比然也，则国之前途岂不危哉！一国之历史正似一家之家谱，其中所载尽以往之事实，此事实即历史也。若一国之历史衰，可占其民族之爱国心必衰。读史能使阅者得知国家强与弱的原因，战争胜败的远因与近因，民族盛衰的变迁，因此，为人生处世所不可须臾离开者。

对章太炎的史学成就，著名史学大师钱穆有过精辟的分析。他在《余杭章氏学别记》中写道：章太炎为学博涉多方，不名一家，但"今论太炎学之精神，其在史学乎"。他将章太炎的史学分为三类：一是民族主义史学。章氏认为，历史上以存国性，下以纪成败，人不习史，爱国之念必薄，出而行事，将不知路在何方。民族意识之凭借，端在史学。承平之世，有赖儒家，一至乱世，史家更为有用。国家灭亡再兴起，非归功史家不可。民族主义如同稼穑，用历史中的人物制度地理风俗来为之灌溉，就会茁壮成长，否则，光知道主义之可贵，而不知民族之可爱，则民族就会逐渐萎黄衰败。二是平民主义史学。章氏认为伯夷与盗跖，都是上古时代的无政府主义者，因春秋贵族时代没有侠士之名，所以盗跖被诬蔑为盗贼。又推广儒行，认为世有大儒，应举侠士而包之。刺客处在纷乱之世则辅民，处在太平之世则辅治。三是文化主义史学。章氏以为孔子贤于尧舜，只是因为他作《春秋》，修六艺，布群籍，废世卿。孔子以前为帝王立言者多，为平民立言者少。孔子是中国保民开化之宗，而不是教主。以上三者有同一个宗旨，即民族文化而已。在钱穆看来，在近代诸多大师中，真正能爱好民族文化者，只有章太炎一人。

第 7 章

惇诲学人，保国学于一线

1932 年 10 月，面对日本的入侵和当局的退让，65 岁的章太炎对时局颇感失望，在给朋友的信中写道："仆老，不及见河清，惟有惇诲学人，保国学于一线"。这不仅是他晚年的志向，也是他一生的追求。为实现这一目标，他不仅自己勤于著述，留下辉煌篇章，而且讲学不辍，培养众多国学后进，使国学香火不断，后继有人。

提奖光复，未尝废学

光绪三十二年（1906）七月，坐牢三年的章太炎到了日本东京，受到留学生们的热烈欢迎。他在欢迎会演讲中大力提倡国粹，要用宗教发起信心，增进国民的道德，用国粹激动种姓，增进爱国的热肠。此后数年间，他在主编《民报》之余及《民报》被禁以后，"提奖光复，未尝废学"，数度举行国学讲习会，在若干青年学子心中埋下了国学的种子。

章太炎到日本之初，就有讲学的打算。当年 9 月 5 日《民报》第七号刊登的《国学讲习会序》就介绍说，同人拟创设一国学讲习会，请章太炎先生临席宣讲，讲的内容包括：（一）中国语言文字之源；（二）典章制度所以设施之旨趣；（三）古来人物事迹之可为法式者。但其后数月，讲学并不经常，讲学内容大体就是《国学讲习会略说》中收录的《论语言文字之学》《文学论略》《诸子学略说》。

1908 年 4 月以后，章太炎在东京讲学主要有两个地方：一是神田区大成中学讲堂，一是《民报》寓所。大成中学的讲学每周两次，一般为周三、周六各半天，听课的以浙江人、四川人为多，有龚宝铨（后来成为章太炎的女婿）、钱玄同、黄侃、朱希祖、沈士远、沈兼士、马裕藻、马叔平、任鸿隽、任鸿年等多人。钱玄同当时在早稻田大学读书，为了能听章太炎讲学，不得不牺牲早稻田大学的课程。章太炎讲学的内容，以小学为主，其次为诸子学、文学、史学等。

后来成为著名学者的任鸿隽对当时的讲学情景印象深刻，他回忆说：讲习的内容由先生决定，开始讲顾炎武的《音学五书》，其次讲段玉裁的《说文解字注》，其次讲郝懿行的《尔雅义疏》，其次讲王念孙的《广雅疏证》，这些都是小学的基本书籍。先生在每条有问题的地方，举出自己的意见详加解释，再由学者们逐条记录在原书的条文上。这样每周一次，大约继续了一两年，听讲的获益不少，后来有几个成了国内有名的历史学家和文字学家。任鸿隽说：小学讲毕后，我们请先生讲诸子，于是先生讲了《庄子》。记得讲《庄子》时，我们觉得先生关于《庄子》文字的解释极富新义，希望先生把它写出来。次日先生就拿了一部批好的《庄子》来给学生看。他这样精勤不懈，实在令人敬佩，后来就成了他的《庄子解故》一书。讲过这些古籍之后，先生还作了一次系统的中国文学史讲解。记得此次是在小石川区先生自己的住宅内讲的。先生手中不拿一本书，一张纸，端坐在日本的榻榻米（地席）上，一口气两三个钟头，亹亹而谈。这样大约讲了四个上午，把一部中国文学史讲完了。若是把他的说话记录下来，可以不加修改便成一篇很好的白话文章。后来先生把这个讲演写了出来，成了他的《国故论衡》，可惜他写成古文以后，反而失掉了讲时的活泼风趣。

当时，鲁迅、许寿裳等人因所在学校的课程与讲学时间冲突，于是就托龚宝铨请求章太炎在星期日另开一班。于是，从7月11日，章太炎除在大成中学讲学外，又利用周日时间，在民报社寓所专门为鲁迅、周作人、许寿裳、钱家治及由大成中学跑来的龚宝铨、钱玄同、朱希祖、朱宗莱八人讲课，持续时间约一年。当时的讲课情形，许寿裳回忆说：民元前四年（1908），我始偕朱宗莱、龚宝铨、朱希祖等前往受业。每星期日清晨，步入先师寓所，在一间陋室之内，师生席地而坐，环一小几。先师讲段氏《说文解字注》、郝氏《尔雅义疏》等，精力过人，逐字讲解，滔滔不绝，或则阐明语原，或则推见本字，或则旁证以各处方言，以故新谊创见，层出不穷。即有时随便谈天，亦复诙谐间作，妙语解颐。自八时至正午，历四小时毫无休息，真所谓默而识之，学而不厌，诲人不倦。

周作人对此亦有精彩的描绘：民报社在小石川区新小川町，一间八席的房子，当中放了一张矮桌子。先生坐在一面，学生围着三面听，用的书是《说文解字》，一个字一个字地讲下去，有的沿用旧说，有的发挥新义，干燥的材料却运用说来很有趣味。太炎对于阔人要发脾气，可是对青年学生却是很好，随便谈笑，同家人一般。夏天盘膝坐在席上，光着膀子，只穿一件长背心，留着一点泥鳅胡须，笑嘻嘻地讲书，庄谐杂出，看去好像是一尊庙里哈喇菩萨。

1908 年 10 月,《民报》被查封,章太炎与日本政府诉讼数月,终不能胜,于是就专门讲学。当时,他的生活非常艰苦,但讲学未辍。他的弟子黄侃评论当时的情景时说:"寓庐至数月不举火,日以百钱市麦饼以自度,衣被三年不浣。困厄如此,而德操弥厉。其授人以国学也,以谓国不幸衰亡,学术不绝,民犹有其所观感,庶几收硕果之效,有复阳之望。故勤勤恳恳,不惮其劳,弟子至数百人。可谓独立不惧,暗然日章,自顾君以来,鲜其伦类者矣。"

章太炎在日本期间的讲学不仅培养出诸多国学大师,而且对他本人的学术事业也有很大促进。他一生最具代表性的学术著作,如《诸子学略说》《小学答问》《新方言》《文始》《国故论衡》《齐物论释》都是在日本写成的,有些是最初的讲义,有些是在与弟子们的讨论中修改完成的。

辗转讲学,明理述志

1913 年 8 月,章太炎刚一入北京,就被袁世凯派人监视,无法脱身。为了排遣抑郁,共和党同人便安排他讲学。讲堂设在共和党会议厅大楼,报名听讲者踊跃,听众中既有马裕藻、钱玄同这些大学教员,也有毛子水、顾颉刚等北大学生,袁世凯派来监视的人也厕身其间。据当时听讲的吴宗慈回忆:讲授的科目,为经学、史学、玄学、子学,每课编讲义。共和党部书籍不多,章太炎也不要求向外间购借,全凭记忆,取之有余。讲授时,原原本本,如数家珍。其于贯串经史,融合新旧,阐明其义理,剖析其精要,恒多独到创见之处,在讲学时绝无政治上感情歧出之意义。不光专门来听讲的学子不知疲倦，即使是袁世凯派人监视的人员，也无不心悦诚服，忘记了自己原来的本意了。但这次讲学时间不长，他就被转移到龙泉寺，监禁更严，只能有若干原来的弟子前来问学。

1916年6月，章太炎重获自由。此后数年，他先后在上海、湖南、南京、杭州等地讲过学，但多是一次性演说，内容也无系统性。其中，以1922年4月至6月在上海的讲演时间较长，影响较大。当时，他是应江苏省教育会之邀来上海讲学的，讲课的地点先是在教育会，后因人多，改在中华职业学校附设的职工教育馆，后听众减少，又迁回省教育会。讲学时间每周一次，多安排在周六下午，长约两个小时，前后共讲十次。在讲课之前，《申报》曾刊登《省教育会通告》，说明此次讲学的目的是"借西方之新学，以证明我国之旧学"。此后，《申报》对讲学的时间、内容都有详细的报道。

对当时讲演的效果，《申报》评论说："章氏此次讲学，虽每星期一次，每次两小时，然其撷菁采华，用极浅显之说法讲授，引初研究国学者入其门径，苟能经续听讲，十次讲毕，于国学之大概情形可以明白，胜闭户读书三年焉。"

当时担任记录的曹聚仁后来回忆说：这一串讲演，逢星期六下午举行，共讲了十回，每回两小时。第一回，有一千多人与会，济济一堂。第二回，听者不到一百人，其后越来越少。有一回，只有二三十人，结束那一回，才有七八十人。一因章师的余杭话，实在不容易懂；二则，他所讲的国故课题，对一般人已经太专门了。章太炎在讲演中，以唐太宗为例，认为齐家而后治国的话是靠不住的。曹聚仁说这番话对自己有启发昏蒙的作用，从那以后，才敢怀疑一切所谓的金玉良言，尤其是儒家的哲理。他那时已经劈过孔圣人的神主牌，什么斤斗都敢翻了。

这次讲学的内容，曹聚仁记录整理成《国学概论》一书，其内容分为五章：概论、经学的派别、哲学的派别、文学的派别、结论。在谈到治国学的方法时，章太炎强调要辨书籍的真伪、通小学、明地理、知古今人情的变迁，尤其在最后一点上体现出他的通达之处。他说，社会更迭变换，物质方面继续地进步，那人情风俗也随着变迁，不能拘泥于一种情形的。如若不明白这变迁的理，要产生两种谬误的观念：一是道学先生看作道德是永久不变的，把古人的道德，比作日月经天，江河行地，墨守而不敢违背。二是近代矫枉过正的青年，以为古代的道德是野蛮道德。原来道德可分两部分：普通伦理和社会道德。前者是不变的，后者是随着环境变更的。当政治制度变迁的时候，风俗就因此改易，那社会道德需适应这制度这风俗。古今人情的变迁，有许多是我们应该注意的。在讲到如何学国学才能进步时，章太炎提出：经学以比类知原求进步，哲学以直观自得求进步，文学以发情止义求进步。由于这部书是用白话文记录的，通俗易懂，是章太炎所有国学讲演中流传最广的一种。

史志乃今日切要之学

1932 年 2 月至 4 月，章太炎有一次重要的北平之游，先后在燕京大学、北平师范大学、北京大学等处作过讲演。这不仅是章太炎自 1916 年离开北京后又一次故地重游，更是他因反对南京国民政府而被迫沉默多年后，又一次高调复出，借宣传"抗日救亡"而大力倡导读史爱国。

3 月 24 日，他在燕京大学作《论今日切要之学》的演讲，结合"九一八"事变后中国面临的民族危机，大谈读史的重要性。他说，一国之历史衰，其民族之爱国心亦必衰。他以日本刚刚占领的东三省为例，指出附庸之国与固有国土之区别：考东三省原为中国固有的版图，汉谓之突厥，宋谓之辽金。汉去今日已远，故不论，即以明清论之，明清两代东三省皆为我国固有之版图，今竟不明史志而疑固有的国土为附庸之地，其害较不读经书为尤甚。盖不晓得周公、孔子的名字，仅遗忘一二死去的人而已，无关国家之得失；若不晓得历史则几乎茫茫然遗失了东三省千百万方里的土地，其为害驾于经书之上。因此，他认为：今当世界在较任何时期为严重的时候，历史上之成迹即为爱国心之源泉，致用时之棋谱。其系于一国之兴亡为用尤巨，故史志乃今日切要之学也。

3月31日，章太炎在北平师范大学为中文、历史两系学生讲《清代学术之系统》，就清代地理学、算学、史学、小学、经学等作概要式的讲述。4月12日，在平民大学讲《今学者之弊》。4月18日、20日、22日，在北京大学国文研究所讲《广论语骈枝》。此时，章太炎原来的弟子多在北平各大学任教，对老师的到来兴奋异常。每次章太炎讲演，都由弟子们伴随，代为翻译或板书。据钱穆回忆：有一次演讲，太炎上讲台，五六位在各大学任教的旧门人，站立一侧。一人在旁翻译，一人在后写黑板。太炎声音小，又说方言。遇到引经据典，以及人名地名书名，有不明白之处，不询问太炎，而是台上两位门人对语，或询问一旁站立的其他门人。过一会，才翻译出来或写出来。台下的听众也不敢出声。翻译者可能是钱玄同，写黑板的是刘半农。

当时是北大学生的张中行对章太炎在北平的某次演讲也印象深刻：可以容几百人的会场，坐满了，不能捷足先登的只好站在窗外。老人满头白发，穿绸长衫，由弟子马幼渔、钱玄同、吴检斋等五六个人围绕着登上讲台。太炎先生个子不高，双目有神，向下望一望就讲起来。满口浙江余杭的家乡话，估计大多数人听不懂，由刘半农任翻译；常引经据典，由钱玄同用粉笔写在后面的黑板上。（按：关于充当翻译的人，张中行可能记错。钱玄同是浙江人，刘半农是江苏人，充当翻译的，当为钱玄同。）说话不改老脾气，诙谐而兼怒骂。张中行还回忆说：现在只记得最后一句是"也应该注意防范，不要赶走了秦桧，迎来石敬瑭啊！"其时是"九一八"以后不久，当局步步退让的时候。话虽以诙谐出之，意思却是沉痛的，所以听者都带着愤慨的心情目送老人走出去。

饭可不食，书仍要讲

1932 年夏天，章太炎返回上海，其后数年，他一直在无锡、苏州一带讲学，直到生命的最后一息。

1933 年 3 月 14 日，章太炎在无锡国学专门学校讲《国学之统宗》，认为今日而讲国学，《孝经》《大学》《儒行》《丧服》，实万流之汇归也，不但坐而言，要在起而行矣。《孝经》以培养天性，《大学》以综括学术，《儒行》以鼓励志行，《丧服》以辅成礼教。这四部书，其原文不过一万字，以之讲诵，以之躬行，修己治人，大抵在是矣。3 月 15 日，又讲《历史之重要》，认为经术乃是为人之基本，若论运用之法，历史更为重要。人不读经书，则不知自处之道；不读史书，则无从爱其国家。有史而不读，是国家之根本先拔矣。

章太炎这一时期在无锡、苏州的讲学，主要是面对社会大众，内容仍以提倡读史、读经为主，不像国学讲习会那样专深。尽管如此，由于听众层次不一，目的不同，对他的演讲反应也不尽相同。最有意思的是一个叫乃蒙的人的描述和感受：章先生坐在藤椅上，一面吸烟，一面低声地演讲。低声没问题，因为听众很少；只是满口的土话，我们一点都懂不来。好在他讲完一段，那胡子大汉，便在黑板上将大意写出，我们才知道今天所讲的，不是国学的，而是革命的。因为明天是"双十节"。他是革命的前辈，在野的文人，他的讲述，自然比明天的"国庆纪念感言"之类的文章，来得切实。但静听下去，只听得哦哦地响，不知说些什么。在外漂流许多年，不曾听过这样的言语。只得放弃听讲的念头，专注视黑板上的白字；文义不明，自己便加以推想。其他听众，似都采取同样的方法。在演讲的姿态中，章先生是个悲剧的人物。他不知道自己的土话人家不能了解，而好以眼光追寻听讲人的颜色。尤使我难过的，是他音尾后的笑。这笑不是演讲材料的好笑，而是社会的笑，沟通听众情意的笑。听众莫明其妙，却向同伴们丢个眼色，嘴里也歪出十分之几的笑。这笑并没有丝毫的同情与敬意。我看了难堪，而章先生安然自在。他是狂傲的人，一切是自私的，以自己为中心的。在演讲台上，他将听众幻成一种意象，以为这意象是他的获得，他的生命之某种关联；而这意象是陌生的，于是以眼光，以笑脸，去粘住他，把它放置在某种精神生活上。这里，我仿佛看见章先生心灵的凄独。他讲了两个多钟头。说一段话，抽一会烟，香烟缭绕，我幻想他是年久失修的尊神。乃蒙的这段话言辞似有不敬，但章太炎在这种场合的演讲显然是不成功的，这不仅仅是因为方言，也许是未能投听众所好，也许是内容专深，更可能是时代的隔膜。

　　1934 年秋，章太炎定居苏州。在此之前，苏州已有国学会，请章太炎讲过学，后因旨趣不合，章太炎决定另立章氏国学讲习会。

1935年3月，南京政府派章太炎好友丁惟汾偕黄侃来苏州，送给章太炎养病费一万元。章太炎本意推辞，后在夫人和门人的建议下，就用这笔钱创办国学讲习会。

在章氏国学讲习会筹备期间，先组织章氏星期讲演会。从1935年4月到9月，章太炎在星期讲演会上共讲九期。讲的内容包括：《说文解字序》《白话与文言之关系》《论读经有利而无弊》《读经史实录不应无故怀疑》《再释读经之异议》《论经史儒之分合》《论读史之利益》《略论读史之法》《文学略说》。在《论读经有利而无弊》的讲演中，他认为，于今读经，有千利而无一弊。读经之利有二：一、修己；二、治人。治人之道，虽有取舍，而保持国性实为最要。读经不仅无顽固之弊，而且，所谓今日一切顽固之弊，反赖读经以救者。针对胡适在1935年4月发表的《我们今日还不配读经》一文，章太炎在《再释读经之异议》的讲演中反驳说，胡适自言：我们今日还不配读经。余以为惟其如此，故今日不得不急急读经！

这一时期，除星期讲演外，章太炎还组织读书会，集弟子于一室，逐章逐句，扎扎实实，通读全书。弟子中诵读最佳者，为杨立三，此人满头白发，被同学们戏称为"杨白头"。

1935年9月，章氏国学讲习会新学舍落成，正式开学。讲习会以研究固有文化、造就国学人才为宗旨。学程计划是讲习期两年，分为四期。讲习会的授课教师，除章太炎本人主讲外，还有朱希祖、汪东、孙世杨、诸祖狄、王謇、王乘六、潘承弼、沈延国等数人。会务由章夫人、孙世杨负责。学员来自全国各地，据学会中统计，年龄最高者为73岁，最幼者为18岁。有大学讲师、中学国文教师，以大学专科学生占大多数，籍贯有十九省之多。住宿在学会里的，约有一百余人。由于学员程度差别较大，章太炎还采取因材施教的办法，进行分班，把金建德、汤炳正等成绩优秀者录取为研究生，另行授课。后来又增设预备班，招收高中毕业或相当高中程度者。

当时的学员汤炳正回忆自己的入学和生活情形是：我当时是在《大公报》上看到招生广告的。不过报考的条件之一，是必有两位学术界名人介绍。我当时既是大学的毕业生，又是社会失业者，僻处乡里，何来两位名人作介。但仍硬着头皮，不远数千里，束装前往。考题是《自述治学之经过》，交卷后，谬蒙先生赏识，录取研究生班。当时，全国各地来此就读者百余人，限于条件，学会只供住宿，不办伙食。一次我们在小食店就餐，发现炒菠菜中有蚯蚓，乃纷纷自组伙食团。如四川同学李源澄等，在外面成立了专吃辣椒的伙食团；我跟一些北方人，也成立了专吃面食的伙食团，我们轮流管厨。

当时的讲课情形，据任启圣回忆：先生自任主讲，每星期担任四小时，每次两小时。尚有助教多人。诸生慕先生名，听课时无一缺席，其余则零星点缀而已。先生首讲《左传》，次讲《尚书》，最后拟讲《说文》，尚未开讲即已去世。犹记先生讲《尚书》时，凡注疏已通者一概不讲，发现错误始开始驳辨，一字之微常辨析数小时而不倦，引经据典，口若悬河。先生不编讲义，不带参考书，唯凭口诵手写，不但《说文》《尔雅》背诵全文，即对《汉书》颜师古注，亦如数家珍。

1936 年 6 月，章太炎在讲完《尚书》后，离放暑假尚有一段时间，便接着讲《说文》部首，因疾病发作，讲课中常常气喘不止。据汤炳正回忆，先生是带病讲课，故讲课不断以手帕揩鼻。迨至逝世前数日，病已亟，不能进食，犹坚持讲课。师母劝止之，先生曰：饭可不食，书仍要讲。6 月 14 日，一代国学大师章太炎为造就国学人才奋斗到最后一息，享年 69 岁。

　　章太炎以研究经学起家，后走上反清革命的道路，在从事革命活动之余，未尝一日废学，不仅自己学术成就卓越，在中国近代学术史上罕有匹敌者，而且，一生数度讲学，初讲于东京断炊之时，次讲于北京被囚之际，最后在民族危难的时刻造就国学人才。章氏一生培养出大批国学人才，在中国学术界形成一个"章黄学派"，对中国学术文化的贡献何其大哉！

第 8 章

余岂异邮，好是谔谔

　　章太炎在从事革命和学术活动的过程中，结交了许多革命志士和学术英才。章太炎同他们之间有过惺惺相惜的推崇，也有过言辞激烈的攻击。他们之间的合作或冲突构成了中国近代政坛和学界一道颇为独特的风景，从中也可以看出章太炎的政见、学术、个性和爱憎。

余始终不能与彼合也

　　章太炎与康有为是中国近代史上一对声名卓著的大人物，但同时又是政敌和对手。章太炎在后来的《自定年谱》中说，自己虽赞助过康有为创办的强学会，应康有为的弟子梁启超之邀担任过《时务报》的撰述，"然古今文经说，余始终不能与彼合也"。其实，两个人的不合绝非仅限于经学之争。

　　章太炎比康有为小十一岁，他是在康有为掀起的变法浪潮中走上历史舞台的，只不过在这场变法大戏中康有为是主角，章太炎是配角。但五年之后，正是章太炎在《驳康有为论革命书》中给康有为的政治生涯致命一击，从此，康、章分别成为改良与革命的代名词。

光绪二十三年（1897）一月，章太炎离开苦读八年的诂经精舍，进入康有为的学生梁启超主持的时务报馆，开始其政治生涯，也开始了与康有为弟子们的交往和冲突。

清代中期以来，自汉代之后沉寂千百年的经今古文之争又战火重燃。康有为是今文经学的集大成者，其《新学伪经考》在当时政学两界掀起大浪，而章太炎却是古文经学的后起之秀，其所著的《春秋左传读》与康有为的观点正好相对。因此，在时务报馆，章太炎与梁启超、麦孟华等康门弟子相遇，谈起学派，往往如同冰炭。当时，康有为气势正盛，康门弟子以康有为为教皇，又视之为南海圣人，并预言不及十年，当有符命。章太炎对此极为反感，认为是狂妄之语，不值一驳。双方矛盾不断激化，终于引发公开冲突。当时，梁启超的一个学生梁作霖带了一帮人专门来找章太炎问罪，双方交手，章太炎被殴打一顿，于是愤然离开《时务报》。

但此时的章太炎仍赞成康有为的政治主张，所以，当汪康年挽留他时，他在回信中写道："凡事离之则双美，合之则两伤。常以笔墨相交，则纪念自生。恐又自此开衅，不如早离为要。"道虽同，不相为谋。

变法失败后，康章二人都成了清廷的通缉犯，康有为辗转到了日本，章太炎则到了台北。共同的遭遇使两人又开始接近。光绪二十四年（1898）十二月，章太炎在台北给康有为写了一封信，对康有为表示支持，并抨击慈禧太后和守旧势力。康有为立即复信，其中说："神州陆沉，尧台幽囚，惟冀多得志士相与扶之，横睨豪杰，非足下谁与？惟望激昂同志，救此沦胥。"又是"豪杰"，又是"同志"，可见此时康有为对章太炎的欣赏和器重。章太炎对此也很感动，写了一篇识语，并与原信一同发表在《台湾日日新报》上。章太炎在识语表示自己与康有为"论学虽殊,而行谊政术自合"。两人关系至此达到"蜜月期"。

但好景不长,1900年义和团运动爆发后,章太炎越来越倾向于革命,与康有为的分歧越来越明显。次年他发表《正仇满论》,指出康、梁把变法的希望寄托在光绪皇帝身上只是一种幻想。1902年,康有为发表《答南北美洲诸华侨论中国只可行立宪不可行革命书》,认为"皇上既早欲开议院、与民权矣,先以专制之君权变法,徐以公议之民权守城,不待革命糜烂之争,而可安享民权自由、变法自强之乐"。而章太炎就是针对这篇文章发表了他的旷世宏文《驳康有为论革命书》,划清了立宪和革命的界限,极大地促进了革命浪潮的兴起。高旭在《题太炎先生驳康氏政见》一诗中写道:"当头一棒喝,如发霹雳声!保皇正龙头,顿使吃一惊。从此大汉土,日月重光明。"并赞颂章太炎:"拔剑何峥嵘,侠骨磨青天。煌煌汉族史,英名垂万年。"

《驳康有为论革命书》使章太炎的名气和影响一下子盖过了康有为,特别是他因这篇文章入狱坐牢,更使他成为革命者心中的偶像。他的朋友黄宗仰在诗中写道:"余杭章,南海康,章公如麟康如狼,狼欲遮道为虎伥,麟起啖之暴其肠。"把章太炎比作麟,把康有为比作狼,由此可见两人在革命者心目中地位的极大反差。

此后数年,章太炎在东京主编《民报》,宣传革命,聚徒讲学,倡导国粹。而康有为则周游列国,遍访名胜。章太炎一直处在革命的漩涡中心,而康有为则渐渐为人所淡忘。武昌起义成功后,章太炎以"中国之卢梭"的盛名荣归故土,而康有为则只能怀抱着君主立宪的理想做中华民国的公民。

中华民国成立后，章太炎身上的光环与此前的康有为一样也渐渐黯淡。可因是否建立孔教两人又开始了新一轮的对决，引起国人关注。1913年，康有为在《不忍》杂志上先后发表《孔教会序》《以孔子为国教配享天坛议》等文，陈焕章也在上海创办《孔教会杂志》，6月19日，袁世凯下令各省"尊孔祀孔"。一时间，定孔教为国教的舆论四起，甚嚣尘上。此时，章太炎挺身而出，发表《驳建立孔教议》。章太炎在此文中指出，中国素无国教，这正是华夏之民发达的原因，"国民常性，所察在政事日用，所务在工商耕稼，志尽于有生，语绝于无验，人思自尊，而不欲守死事神，以为真宰，此华夏之民所以为达"。孔子之所以能成为中国的斗杓，就在于其制历史、布文籍、振学术、平阶级而已。孔子于中国，为保民开化之宗，不为教主。因此，定孔子为教主是对孔子的侮辱。

章太炎在这篇文章中虽明言反对建立孔教，但对康有为尚算尊重，没有直呼其名。在接下来《示国学会诸生》一文中，章太炎则直言："孔教之称，始妄人康有为，实今文经师之流毒。"并推测康有为建立孔教的用意是，"必以历史记载为不足信，社会习惯为不足循，然后可以吐言为经，口含天宪"。其言辞之激烈又仿佛回到了《驳康有为论革命书》的年代。

此后数年，章太炎被袁世凯囚禁三年，再度成为国人关注的焦点。恢复自由后，又奔波西南，参与护法运动，倡导联省自治，最后以呼吁抗日、造就国学人才而结束辉煌一生。而康有为在利用袁世凯建立孔教失败后，竟参与复辟帝制，声名再受重创，最后数年以游历山水而自娱，1927年暴卒于青岛。

康有为与章太炎是中国近代史上的两位巨人，其贡献和影响非三言两语所能说清。大体而言，因年龄关系，康有为出道较早，以敢为天下先的勇气和魄力，掀起了变法思潮，成为戊戌时期的中心人物，其对中国近代的政治变革有始创之功。在学术方面，他被视为经学的异端，其怀疑经书的大胆举动在当时具有思想解放的意义，对民国疑古、辨古思潮的兴起也有直接的影响。章太炎是在康有为变法思想的影响下走上政治舞台的，但他后来成为反清革命的主将，与康有为在政治上形成对立，并且正是借助于对康有为立宪言论的驳斥而在声名和影响上压过了康有为。在学术上，康有为是今文经学的集大成者，而章太炎则是古文经学的压阵大将，势均力敌，难分伯仲。

有意思的是，这两位真正的对手，终其一生是否有一面之缘，还是历史之谜。姜义华在《章炳麟评传》一书中写到，章、康的交往始于1895年冬。是时，康有为路过杭州，特往诂经精舍拜访俞樾，并赠以所著《新学伪经考》。俞樾对章炳麟说："尔自言私淑刘子骏（刘歆），是子专与刘氏为敌，正如冰炭。"这段引文出自章太炎后来编的《自定年谱》，但只能证明俞樾见过康有为，不能证明章太炎见过康有为，而且从语气来看，也不像是俞樾当着康有为的面说给章太炎听的。之后，两人似乎没有见面的机会。故汪荣祖在《康章合论》一书中才这样写道："两人虽各名重一时，终生似未曾有一面之缘"。就目前所见到的材料而言，我认为，两人没有见过面的可能性比较大。

康、章两人性格、政见、学术有着鲜明的差异。钱穆在《余杭章氏学别录》中将两人加以比较，说康极恢奇，而太炎则守平实。故康欲上攀孔子为教主，称长素；而太炎所慕则在晚明遗老，有意乎亭林之为人，而号太炎。然康主保王，太炎则力呼革命。康唱为变法，太炎又谆谆期循俗焉。汪荣祖在《康章合论》中，对两人在中国近代政治和学术领域的影响有极高的评价，并指出两人异中有同，同中有异。他认为康、章之争并非是今古文之争。康有为倡导变法维新，非全赖今文经学；章太炎宣讲种族革命，更非寄托于古文经学。传统的经今古文门户之争不能涵容康、章两氏的政治思想。康、章思想的异趣在于：康有为的文化观是一元的，坚信西方国家因行君主立宪而富强，中国亦可仿行君主立宪而富强。章太炎的文化观是多元的，他扎根于历史，认为各国家或各民族各有其独特的历史经验，所以由历史中所产生的文化各有其特性，不可能雷同。因此，文化不像科学那样客观与统一，不可能随便抄袭。如果要消灭一文化的特性，等于此一文化的灭亡。至于两人在晚清的影响，汪荣祖认为：康、章思想趋向迥异，政治主张与行动更是针锋相对，但各对晚清思想之解放，起到了影响深远的作用。无可怀疑的是，康、章两氏乃是清末民初思想解放运动中的两位先锋人物。

进入民国以后，康、章两人的政治和学术影响力均呈下降趋势，但他们与民国初年新思潮的兴起仍有颇多的关联。这里仅举一例以见一斑。顾颉刚是民国史学界的领军人物之一，以他为中心的"古史辨派"是民国最有影响的史学流派之一。而他之所以能走上疑古、辨古的道路与章太炎、康有为这两位学术前辈的影响密不可分。1913 年，章太炎在北京化石桥共和党本部讲学，顾颉刚前来听讲。顾颉刚当时的感受是：我从来没有碰见过这样的老师，我佩服极了。我自愿实心实意地做他的学徒，从他的言论中认识学问的伟大。由于当时康有为正鼓噪建立孔教，章太炎在讲学中便对今文经学大加攻击，顾颉刚听了之后气极了，想不到今文家竟是这类妄人。因受章太炎的影响，顾颉刚从此以后，便敢于大胆作无用的研究，不为一班人的势利观念所笼罩了。他在《古史辨》第一册自序中说：这一个觉悟，真是我的生命中最可纪念的；我将来如能在学问上有所建树，这一个觉悟决是成功的根源，追寻最有力的启发就在太炎先生攻击今文家的"通经致用"上。可顾颉刚自幼就有博览的习性，他在听了章太炎对今文经学的攻击之后，就总想寻找今文家的著述，看它如何坏法。可是他读过康有为的《新学伪经考》以后，才知道它的论辩的基础完全建立在历史的证据上。此后，对今文家平心了不少。待看到《孔子改制考》第一篇时更是感到极惬心餍理，对康有为敏锐的观察力不禁表示十分的敬意。又过了数年，他对章太炎的爱敬之心更低落了，最后竟认为章太炎看家派重于真理，看书本重于实物，只是一个从经师改装的学者。从学术渊源来看，顾颉刚的"古史辨"受康有为疑古思想影响更大，但章太炎薄致用而重求是的观念他也始终信守。可见，顾颉刚正是在吸收康、章这两位大师学术精华的基础上成长起来的，而且，引发他讨论古史的又是章太炎的学生钱玄同，尽管钱玄同此时的思想与乃师已有不同，但章太炎对钱玄同的学术毕竟有浇灌之功。由此一例，足以证明，康、章二人对民国思潮和学术的影响。

兰之同臭，石之攻厝

章太炎与孙中山同为辛亥革命的元勋，两人在反清革命、缔造民国中立下的功勋早已载入史册。令人颇为不解的是，两人虽有共同的革命理想，也有过短暂的相互倚重和钦佩，但在大部分时间里却貌合神离，冲突不断。他们之间的离合既有个人性格方面的原因，也是当时辛亥首领们复杂关系的一个缩影。

章太炎与孙中山年龄相若，章太炎生于同治八年（1869），孙中山生于 1866 年，相差不到三岁。1897 年春，章太炎在时务报馆第一次听说孙中山的名字。当时，孙中山在伦敦被清朝驻英使馆绑架，英国媒体纷纷报道。章太炎因阅读西报，知道伦敦使馆有逮捕孙逸仙事。他问梁启超："孙中山为何人？"梁启超答道，"此人蓄志倾覆满洲政府"，章太炎听罢，"心甚壮之"。不过当时他还是认同康有为的变法主张。

1899 年，章太炎在日本横滨，经梁启超介绍第一次见到孙中山，但相知不深。次年 8 月，章太炎剪辫以示与清廷决裂。他将自己写的《解辫发说》和另一篇文章寄给侨居海外的孙中山，希望在香港的《中国旬报》上发表，并随文寄去一封信。他在信中对孙中山大加称赞："数年以来，闻先生名，乃知海外自有夷吾，廓清华夏，非斯莫属。"章太炎的举动，得到孙中山的热情支持，《中国旬报》很快发表了章太炎的文章和来信，并在后记中称章太炎的文章是"有清以来，士气之壮，文字之痛，当推此次为第一"。

1902 年，章太炎再次流亡日本，在横滨再一次见到孙中山，两人相谈甚欢，共同反清革命理想将两人紧密联系在一起。当章太炎组织的支那亡国二百四十二年纪念会在东京被日方禁阻时，孙中山便邀请他赴横滨集会。在横滨永乐酒楼的宴会上，孙中山提议与会者每人敬章太炎一杯，章太炎来者不拒，豪饮七十余杯。两人的革命友情由此可见一斑。

1903 年，章士钊将日本人宫崎寅藏写的《孙逸仙》译成中文出版，章太炎为此书写了一首序诗，把孙中山比作"赤帝子"，将继承郑成功、洪秀全的反清事业，成为四万万中国人的领袖。这本书给孙中山带来很大的知名度和影响力。章太炎后来在与孙中山比功劳时就说，"中山本无人提携，介绍中山，令与学人相合者，实自弟始"。联系到他与孙中山的交往，可以看出，他说这话，虽有些自夸，但也不是全无根据。

1906 年 7 月，章太炎坐牢期满后流亡日本。10 月，孙中山从南洋返回日本，两人再次见面。此后，章太炎在东京主持《民报》，孙中山则准备在国内策划起义。随着章太炎在日本生活的拮据和孙中山领导起义的屡败，两人的分歧也开始明显。次年 3 月，孙中山被日本政府逼迫离境，当时，日本一商人资助他 10000 元，日本外务省也秘密给他 8000 元，孙中山拿出 1000 元用于举行告别宴会，交给章太炎 2000 元作为《民报》经费，其余款项带往南洋筹划在中国南部边境起义。章太炎知道日方赠款而孙中山又未明说后，大为不满，认为孙中山私自受贿，违背革命道德，竟将民报社中悬挂的孙中山像取下。待孙中山领导起义失败后，章太炎便与张继一道要求罢免孙中山同盟会总理职务，后经黄兴调解，事情才算平息。

接着又发生了运械泄密事件，使章、孙关系更加恶化。事情的经过是，9 月日本人萱野长知、宫崎寅藏在日本购得一批枪械，准备供孙中山领导起义时用。章太炎、宋教仁从日本人平山周等人处得知这批枪械陈旧，不能使用，急忙用民报社名以明电告香港《中国日报》，说械劣难用，请停止另购。后来这批枪械被香港当局勒令返回日本，抵达日本港口时被全部扣留。这件事情背景颇为复杂，清廷当时也获得情报，但孙中山认为是章太炎发明电"泄密"所致，对章太炎及同盟会总部越发不信任。这件事的孰是孰非，当时在香港亲自接收电报的冯自由后来评论说："平情而论，责太炎以不谙军事，冒昧发电则可，若加以泄露秘密破坏戎机等辞，则容有未当。"这当是平实之论。

章、孙在《民报》问题上也有矛盾。章太炎在《民报》上发表诸多谈哲学、佛教的文章，孙中山就有意见。而章太炎在办《民报》期间几乎断炊，向孙中山要钱未果，也憋一肚子气。《民报》被查封后，孙中山派汪精卫来东京复刊，而不让章太炎参与。章太炎便发表《伪〈民报〉检举状》，香港《中国日报》则称章太炎为革命党之罪人、满洲之鹰犬，双方互相攻击，彻底闹翻。孙中山将部分同盟会改组为中华革命党，章太炎则与陶成章重建光复会。

中华民国南京临时政府成立后，孙中山任临时大总统，章太炎被聘请为总统府枢密顾问。之后，在围绕汉冶萍公司向日本借款、定都北京还是南京等问题上，章太炎与孙中山又都意见不一。民国初年，章太炎组织中华民国联合会、统一党，成为同盟会及国民党之外的又一股政治势力，引起孙中山及其追随者的不满。

1913年3月，宋教仁遇刺身亡。在血的事实面前，孙中山和章太炎认清袁世凯的真面目，决心共同反袁，两人关系又开始和好。同年6月15日，章太炎与汤国梨在上海哈同花园举行婚礼，孙中山、黄兴、陈其美等国民党元老纷纷出席，蔡元培担任主婚人。章、孙在政治、感情上又开始接近。

此后数年，两人在反袁、护法等重大问题上基本上保持一致，章太炎为支持护法运动还奔波西南数省。20年代以后，孙中山立志北伐，想联合南方各省力量推翻北洋军阀统治，用武力统一中国，而章太炎则倡导联省自治，以各省自治为第一步，两人的政治分歧非常明显。

1925年3月12日，孙中山在北京病逝。章太炎得知消息后，立即赶到孙中山在上海的居所，商议治丧事宜。在稍后的谈话中，他评价说："先生做事，抱定奋斗精神，艰苦卓绝，确为吾党健者。深愿大家竟先生未竟之功，努力救国，则追悼先生始有价值也。"他为孙中山写的挽联是：

洪以甲子灭，公以乙丑殂，六十年间成败异；

生袭中山称，死傍孝陵葬，一匮天下古今同。

此联把孙中山视为洪秀全事业的继承者，高度评价了孙中山光复中华的伟大功绩。

当时有人提议将南京改为中山城，以纪念孙中山之功绩，章太炎则表示反对，理由是：改建共和，称曰民主，不应以一人为号，变国家都邑之正称。孙公功业，昭人耳目，载之国史，生荣死哀，亦已备至，自非陵古变迁，寇盗发掘，其传必视虚号为长也。

从章太炎与孙中山一生的关系来看，两人有过相互钦佩和倚重的"蜜月期"，但更多的时间里是分歧与冲突。两人在反清与建立民国这些大目标上是一致的，但在具体的实施中几乎从未达到真正的一致，更谈不上心心相印。同盟会及国民党始终奉孙中山为领袖，对章太炎则多有微词，甚至攻击谩骂。章太炎对孙中山的不服或不满也时常流露。1912 年 10 月，袁世凯授孙中山、黎元洪大勋位，唐绍仪、伍廷芳等一等勋位，章太炎只授二等勋。章太炎极为不满，在给王揖唐的信中，与孙中山、黄兴比功。他认为："中山但有鼓吹之功而授大勋，吾虽庸懦，鼓吹之功，必贤于中山远矣。"不仅如此，自己还介绍孙中山与学人相合，对孙中山有提携之功。最后表示："自谓于民国无负，二等勋必不愿受，孙、黄之间，犹自谓未满也。"对章太炎的这番表白，学界多不以为然。孙中山为辛亥革命立下头功似乎无可争议，但在扬孙的同时，也不应该抑章。台湾学者汪荣祖就认为革命党的力量见之于三个人：革命先知孙中山、行动家黄兴、宣传家章太炎，三人都可称为建国之父。这当是公允之论。

至于两人分歧的原因，则更为复杂，难分是非曲直。章太炎在《祭孙公文》中对此有过辩解，他写道："天生我公，为世铃铎。调乐专一，吐辞为嬷。百夫雷同，胪句传诺。余岂异邮，好是谔谔。兰之同臭，石之攻厝。"意思是说，孙中山被革命者视为领袖，一言既出，纷纷响应。我并非故意立异，而是遵循"千夫之诺诺，不若一士之谔谔"的古训，不愿随声附和，而愿做他山之石，用以攻厝。章太炎幼慕独行，一生信奉"依自不依他"的人生哲学，在政治、学术方面均是如此，他与孙中山的分歧也应作如是观。

学术素同，千载一遇

章太炎与刘师培的交往则是另外一种类型。两人都是集革命党与国学大师于一身，学术同源，政见同派，是当时难得一见的学术和政见都极其相似的"双胞胎"。可谁曾料到，到最后两人竟分道扬镳，下场迥异。

刘师培，字申叔，1884 年生，江苏仪征人。1903 年后曾一度改名刘光汉，志在攘除清廷，光复汉族，其反清激烈程度由此可见一斑。

刘师培出生于汉学世家，其曾祖父、祖父、伯父均治春秋学，以三世之力编纂《春秋左氏传旧注疏证》。其父刘贵曾，举人，母亲刘氏，汉学都有很高的素养。刘师培 14 岁时，父亲去世，即由其母亲讲授《毛诗》《尔雅》《说文》。刘师培自幼聪慧异常，过目成诵，17 岁中秀才，18 岁中举人。光绪二十九年（1903）赴京参加会试，却名落孙山。在南归途中，滞留上海，见到章太炎及爱国学社其他教员，很快被他们的反清革命言论所吸引，思想大变，由一个醉心科举的读书人一变成为言论激烈的革命志士。

章太炎比刘师培大十五岁，但他对刘师培的学问很欣赏。他曾给刘师培写信，对刘家世代治经很是敬重："仁君家世，旧传贾（逵）、服（虔）之学，亦有雅言微旨匡我不逮者乎?"并表达了自己醉心于经学的感受："学术万端，不如说经之乐，心之所系，已成染相，不得不为君子道也。"此后，他又多次与刘师培通信，讨论学术。他甚至约请刘师培为自己编次《春秋左传读》，并认为小学的发明非自己与刘师培莫属。他甚至对刘师培说"国粹日微，赖子提倡"，把复兴国学的希望寄托在刘师培身上。刘师培作为晚辈，对章太炎更是敬仰。当章太炎入狱后，他竟感到"海滨绝学孤无邻"。

自从认识章太炎后，刘师培的思想和学术大为进步，他不仅加入了光复会、同盟会，而且出版了《攘书》《中华民约精义》《中国民族志》等书，并主撰《警钟日报》《国粹学报》，其论著对革命思潮的兴起产生了重要的影响，甚至有人把他比作"东亚一卢骚（卢梭）"。一颗政治和学术明星正在迅速升起。

1907 年 2 月，刘师培到东京，与在此主编《民报》的章太炎会合。他接连在《民报》上发表《利害平等论》《清儒得失论》《悲佃篇》等文章，名重一时。在日期间，刘师培接触到社会主义和无政府主义，思想更趋激烈。他与妻子何震创办《天义报》，鼓吹无政府主义。章太炎对刘师培创办《天义报》和社会主义讲习会表示支持。为了便于切磋学问，他还迁出民报社，与刘师培住在一起。

但就在此时，刘师培在其妻子和姻弟汪公权的挟持下投靠了清朝两江总督端方，并且还企图拉章太炎下水。原来，章太炎因《民报》经费紧张，生活难以为继，再加上与孙中山等人的矛盾，一度心灰意冷，有到印度出家为僧的打算，便托刘师培与端方联系，希望得到资助。端方本来是要诱骗章太炎离开日本，瓦解革命力量，他坚持要章太炎先剃度出家，资助费用也只能按月支付。章太炎识破了这一阴谋，没有上当受骗。而此时，章太炎无意中发现汪公权与何震私通，便告诉了刘师培。汪公权气急败坏，扬言要杀章太炎，章太炎不得不迁回民报社居住。

次年冬，刘师培、何震回到上海。当时，章太炎正与孙中山等革命党人矛盾激化，相互攻击。刘师培竟在此时落井下石，将章太炎写给他让他跟端方联系的信，印成照片寄给黄兴，并给黄兴写信，歪曲事实真相，使章太炎处境非常被动。宣统元年（1909）夏，陈其美、张恭、王金发等江浙革命党人在上海秘密集会，准备起义，刘师培向端方告密。结果，张恭被捕，起义计划不得不取消。王金发得知是刘师培告密后，将汪公权击毙，并欲杀刘师培，刘师培则以保全张恭为条件得以活命，之后，就公开投靠了端方。

1911年，四川爆发保路运动，端方率部前往镇压，刘师培跟随。途中，士兵哗变，将端方杀死，刘师培逃亡四川，被资州军政分府拘留。章太炎闻讯后，仍念旧情，立即发表宣言营救，说刘师培"虽负小疵，不应深论。若拘执党见，思复前仇，杀一人无益于中国，而文学自此扫地"。1912年1月11日，章太炎又在上海《大共和日报》上刊登《求刘申叔通信》的启示，其文曰："刘申叔学问渊深，通知今古，前为宵小所误，陷入樊笼。今者，民国维新，所望国学深湛之士提倡素风，任持绝学。而申叔消息杳然，死生难测。如身在地方，尚望先一通信于国粹学报馆，以慰同人眷念。"

可刘师培再也无颜面见章太炎。此后，他先在四川任教，后到太原任阎锡山的高等顾问。1914 年又到袁世凯门下任公府谘议，1915 年，参与复辟帝制，列名筹安会，任参政院参政。而此时的章太炎则被袁世凯囚禁，面临死亡威胁。在章太炎被囚禁期间，他的故友、学生或多方奔走营救，或探望安慰。而正春风得意的刘师培竟不露一面，更遑论援手相救，刘师培忘恩负义一至于此。从此，两人彻底绝交。1919 年 11 月 20 日，35 岁的刘师培病逝于北京。

　　章太炎与刘师培的始好终弃，既是两人性格、品德差异使然，也反映出革命事业的曲折和艰辛，颇令时人及后人惋惜和深思。至于其中的原因也相当复杂。就刘师培而言，少年成名，心高气盛，表面看来激烈异常，其实内心漂浮不定。而清朝官僚如端方之流正好利用这点将他拉下了水。郑师渠在《章太炎刘师培交谊论》一文中认为，两者反目的真正原因乃在于心胸狭隘的刘师培与章太炎争名求胜的缘故。另外，章太炎让涉世未深的刘师培与端方接触，致使刘师培越陷越深，最后叛变革命，也有一定的责任。但总的说来，在章刘交谊中，章太炎宽怀大度，仁至义尽，而刘师培则知恩不报，甚至落井下石，两人的德操和气节确有云泥之别。

三十余年前的旧账，至今不忘

　　章太炎与吴稚晖曾是爱国学社的同事，因《苏报》案引发笔墨官事，一直打了三十多年，多人卷入其中。这场恩怨因牵涉着《苏报》案，故是章太炎生命中重要的一环，也算得上是中国近代文坛的趣闻。

　　吴稚晖，原名眺，又名敬恒，在中国近现代史上也鼎鼎有名。他是江苏武进人，1865年生，比章太炎年长四岁。清光绪朝举人。1901年赴日留学，曾因抗议清驻日公使蔡钧刁难留日学生而被押解回国，中途欲投水自尽，被日本警方救起。次年回上海后，担任爱国学社学监，主办《童子世界》杂志，经常在张园发表演说，鼓吹革命，颇有影响。

当时，章太炎也在爱国学社，与吴稚晖是同事，但两人性格不合，时有冲突。据他们的同事蒋维乔回忆说，某一日，开会讨论中国教育会与爱国学社分合之事。吴稚晖态度滑稽，语言尖刻，偏袒学社方面。章太炎当众拍桌大骂："稚晖，你要阴谋篡夺，效宋江之所为，有我在此，汝做不到。"吴稚晖向来口若悬河，但这次不得不让步，默默无语。从此每次集会，若有章太炎在座，吴稚晖必避席。章太炎还经常对人说："稚晖妄人也，乌足与语。"

因《苏报》倡言革命，引起清廷震怒，非要逮捕章太炎等人不可。由于苏报馆在租界内，清政府便向租界施压，租界工部局巡捕曾在一个月内六次传讯章太炎、蔡元培、吴稚晖等人，他们均不予理睬。在清廷严令催促下，两江总督魏光焘派候补道俞明震专程来上海办理此案。俞明震先前与维新派有来往，不愿得罪上海维新人士，便让自己的侄儿俞大纯将吴稚晖约到自己的寓所，拿出清廷欲惩办蔡元培、吴稚晖、章太炎、邹容、陈范、黄宗仰六人的密令，并留吴稚晖吃面。饭后，让吴稚晖快逃。而吴稚晖未将这一情况告诉章太炎等人，独自离开上海去国外躲避。由此引发了一场延续几十年的笔墨官司。

1907年3月，为纪念难友邹容，章太炎在《革命评论》上发表《邹容传》一文。在叙述《苏报》案发生的经过时，章太炎写道：清政府派遣江苏候补道俞明震惩治爱国学社倡言革命。俞不忍将吴稚晖治罪，便把他叫过去，给他看了总督书札，并希望他能提供一些人的名字，以便回去交差。吴稚晖即拿出《革命军》及《斥康有为》对俞说：为首逆者，此二人也。从这段叙述可以看出，章太炎断定是吴稚晖告的密。

吴稚晖当时在法国，他看到上述文字后，在1908年1月给章太炎回了一封信，信中问章太炎，《邹容传》所云，出于何人之口，请明白见告。如不能指出出自何人之口，又不肯说明是想当然，就是报复私人之恩怨。

不久，章太炎从东京寄来答复。章太炎的这篇答复堪称近代史上的奇文。针对吴稚晖的诘问，章太炎答道："仆入狱数日，足下来视，自述见俞明震屈膝请安及赐面事。"这一下算把吴稚晖堵死了。你不是问谁说的吗？就是你亲口对我说的！接着，章太炎就用极其尖刻的语言来揭吴稚晖的老底：外作疏狂，内贪名势，始求权籍，终慕虚荣者，非足下乎？为蔡钧所引渡，欲诈为自杀以就名，不投大壑，而投阳沟，面目上露，犹欲以杀身成仁欺观听者，非足下之成事乎？

吴稚晖阅罢，立即答复，指责章太炎不应该随意入人以死无葬身之地之罪名。章太炎回信又是一番痛骂，要吴稚晖"善钳而口，勿令舐痈，善补而袴，勿令后穿"。此后，两人仍有书信来往，皆以痛骂对方为能事。

民国建立以后，为了缓解章、吴两人的紧张关系，章士钊曾出面将两人请到家中做客。吃饭时，大家心照不宣，旧事不再重提，还算客气。此后，两人见面，也说说笑笑。

1923年，吴稚晖发现章太炎在《章氏丛书》中仍收有《邹容传》，还是说他告密。他又怒火中烧，立即写一篇文章发表在1924年1月11日的《民国日报》上，讽刺章太炎抱残守缺。这一次又是章士钊出面，调解了事。

但这事仍没完。1935年冬，曾参加中国教育会和爱国学社的蒋维乔（竹庄）写了一篇《中国教育会之回忆》的文章，投给商务印书馆编印的《东方杂志》，拟以此稿作价五百元还商务预支稿费。此文内容涉及《苏报》案与吴稚晖。当时吴稚晖是国民党政府要员，掌握宣传大权。商务接到蒋稿后表示，不拟发表，但稿费照付。蒋则表示，如不发表，将另投他刊。商务无奈，遂将蒋稿排成样纸后，送给吴稚晖，征求意见。于是吴稚晖作了《回忆蒋竹庄先生之回忆》。结果两篇文章一同发表在《东方杂志》1936年1月第33卷第1期。

蒋维乔在《中国教育会之回忆》中叙述说，俞明震约见吴稚晖，俞将逮捕密令给吴看，并留吴吃面。事后，章炳麟矢口断定，吴稚晖告密。吴至今，莫能自明也。文章肯定了俞、吴见面的事，但没有明说吴稚晖告密。吴稚晖的文章长达一万五千余言，把当年他与章太炎对骂的旧账全部翻出来，为自己辩解。特别有意思的是，他把章太炎骂他的回信全部收入文章中，不管多么刻薄难听的话均照录不误。章太炎的这些回信有些并未收进《章氏丛书》，正因为吴稚晖的这篇文章，我们才能清楚地了解当年两人对骂的真相。吴稚晖这样做当然有他的目的，但亦可从中看出此人的雅量，也算是保存了一段有趣的史料。

蒋、吴的文章发表时，章太炎正在苏州讲学，可能看到过，但没有表示。倒是他的学生鲁迅抱病为乃师鸣不平。鲁迅在《因太炎先生而想起的二三事》中说：这笔战愈来愈凶，终至夹着毒詈。今年吴先生讥刺太炎先生受国民政府优遇时，还提这件事。这是三十余年前的旧账，至今不忘，可见怨毒之深了。

1936年，章太炎在苏州去世，生前曾嘱托好友及弟子将章氏国学讲习会永久维持下去。可是，吴稚晖在南京扬言，章氏国学讲习会既不是大学，又不是研究院，未经立案，应予封闭，拟向当局提出。讲习会学员听说后，非常气愤，乃由朱希祖、汪东、潘承弼等二十余人联名写了一封致吴稚晖的信，由朱希祖、汪东送去，信中说，如封闭学会和杂志社，当一同到南京与吴决战。吴稚晖未敢行事。可见，章、吴之间恩怨的又传承到了弟子这一辈。

从章太炎与上述诸位人物的关系来看，各有不同。章太炎对康有为的攻击主要是学派与政见的不同；与孙中山的分歧主要是革命策略的不同及领袖们之间的难以相容；与刘师培的绝交主要是刘的堕落和无情；与吴稚晖谩骂纯粹是个人恩怨。这些人际关系是章太炎生命的重要组成部分，也是了解他思想、学术、性格的重要切入点。

第 9 章

幼慕独行，好与人异

　　章太炎"幼慕独行"，一生"依自不依他"，不仅在思想、学术方面独立思考，坚持己见，而且在生活和行动上更是特立独行，好与人异。为此，他既留下了不屈流俗、不惧生死的凛凛风骨，也留下了诸多匪夷所思、令人捧腹的逸闻趣事。

知君思我，我亦思君

　　章太炎的婚姻很奇特，先纳妾，后娶妻。关于第一位夫人王氏的记载较少，第二位夫人汤国梨则是当时的才女，对章太炎生活事业均有重要影响。从章太炎的婚姻中也可见他的生活和情趣。

　　据章太炎《自定年谱》中记载，章太炎在 25 岁时，纳一王姓女子为妾，后生有三女，1903 年王姓女子病逝。

　　这位王氏女子虽然连名字都未留下，但她毕竟是与章太炎生命有关联的人，要了解章太炎，对她不能不有所提及。章太炎的二女儿章㸒在《我的母亲章王氏》中对其母有简略的介绍。她说：父亲自幼体弱多病，但很好学。祖母疼爱这个小儿子，决意要给他娶一房贤德的妻室。几经物色，终于从海盐找到了我母亲，1892 年，祖母给父亲完婚。母亲王氏，浙江海盐一个贫苦农家的女儿。当时我家也不富裕。母亲安于贫困，任劳任怨。父母感情笃厚，相敬如宾。母亲先后养育我姐妹。母亲只育女不生男，兼因她是革命党人的妻子，经常遭到来自社会和家族中的歧视和冷遇。我母亲默默地经受住这些精神折磨，而是更加勤俭持家，细心抚育我们姐妹，挑起家庭重担，免使父亲有后顾之忧。大约是 1899 年，父亲在日本生病，母亲得知消息，心急如焚，急忙筹措盘费，携着七岁的大姐和两岁的我，身怀未出世的三妹，远渡重洋，来到父亲身边。我七岁那年，母亲一病不起。虽经多方诊治，终因为了父亲参加革命，为哺育我们姐妹，为一个家庭的操劳，耗尽心力，溘然长逝了。从这段饱含感情的回忆中，我们大体知道王氏是一位贤妻良母式的家庭妇女，对章太炎给予多方照顾，也为此担惊受怕，年龄不大就早早去世了。

章太炎为何在《自定年谱》中将王氏称为妾，令人不解。章晚年的弟子陈存仁在《阅世品人录》一书中推测说：民国元年前后的许许多多著名人物，如孙中山先生那么伟大的人物，以父母之命，19 岁时就与卢氏夫人结婚，革命时期，觉得父母之命、媒妁之言的婚事，不是出于自愿，后来再行正式结婚。此风不仅孙先生一人，几乎那个时代大小人物，十之八九都是如此。章师也可能是这样，奉母之命，先纳一妾以待将来自由结婚。这是我的一种推想，事实的可能性也很大。真相到底如何，不必细论，但王氏毕竟跟章太炎一同生活了十二年，自当赢得后人的尊重。

王氏病逝后，章太炎先是坐牢三年，后又到日本办报。这期间，他倡言革命、精研佛典，思想、学术突飞猛进，生活上则一塌糊涂，甚至连饭都吃不上。事业和生活上的巨大反差，不光章太炎自己感觉不便，身边的朋友也不忍心让他再孤身一人，于是续弦就提上了日程。

世间有一个流传颇广的说法，说章太炎是近代公开登报征婚的第一人。陈存仁在《阅世品人录》中对此事有详细记载。陈存仁无法查到章太炎在北京《顺天时报》登的征婚广告原文，只查到日本人影印的《顺天日报》的缩印本，而缩印本只有新闻而无广告。日本人高田淳所著的《章炳麟传》曾提及章太炎征婚条件的详情。日本报纸对章太炎的征婚条件也有报道。陈存仁根据日文译出的征婚条件有五条：

第一条，以湖北女子为限。

第二条，要文理通顺，能作短篇文字。

第三条，要大家闺秀。

第四条，要出身于学校，双方平等自由，互相尊重，保持美德。

第五条，反对缠足女子，丈夫死后，可以再嫁，夫妇不和，可以离婚。

关于章太炎的征婚条件还有另外一个版本，也是五条，其中前三条完全一样。第四条是要不染学堂中平等自由之恶习。第五条是要有从夫之美德。与上述第四、第五条正好相反。

陈存仁提到章太炎的征婚广告时没有说明具体日期，他也没有看到广告原文，其真实性颇令人怀疑。但从日本人对章太炎征婚条件的大量记载来看，这个征婚广告的可能性也是有的。如果确认其存在，则从具体内容来看，第一版本比较可信。

1913 年 6 月 15 日，年近 45 岁的章太炎与 30 岁的汤国梨在上海哈同花园举行婚礼。汤国梨是浙江吴兴乌镇人，1902 年在上海务本女学肄业，1904 年为师范科第三届毕业生，毕业后一度担任过浙江吴兴女学校长。武昌起义后，曾与同学张默君、谈社英等在上海发起组织女子北伐队，因缺乏经费，曾在上海张园举行游园会，募集现款五万元。南京光复后，她又与张默君等创办神州女学和《神州女报》，担任教员和编辑。她是由同学张默君的父亲张伯纯介绍而结识章太炎的。据她事后回忆，她当时对章太炎并不是很满意：一是其貌不扬；二是年龄太大，长她十五岁；三是很穷。她之所以愿意嫁给章太炎，是因为章太炎为了革命，在清皇朝统治时，即剪辫子，以示决绝。其硬骨头气魄和治学精神，却非庸庸碌碌者可企及，绝非有些欺世盗名、祸国殃民者可比拟。并想，在结婚之后，对于文学方面，向他有所讨教。汤国梨受过新式学堂教育，参加过革命活动，又担任学校教员和报刊编辑，能诗能文，是当时的才女之一。她除了不是湖北人外，其他条件都达到了章太炎征婚时的要求。

　　章太炎与汤国梨结婚不久，他就在北京被袁世凯囚禁，夫妻一别就是三年。这期间章太炎给汤国梨写了八十四封信，对汤国梨的健康以及日常生活关怀备至，包括如何调养身体、如何用药、何处有存款、何时到期等等，其中有"岂独我思君，君亦宜思我""知君思我，我亦思君"这样缠绵的情话。章太炎在书信中还对后事作了多次安排，并表示自己虽然生死听命于人，但"必不委曲迁就，自丧名检"。陈存仁藏有这八十四封信的影印件，他读后认为，章师真是一个至情中人，而且有若干文句含意极深，非"大情人"是写不出的。这些书信后来结集出版时，汤国梨在序言中写道："念先生从事革命，出生入死者数十年，志节文章，世所共钦，固不待此家书而传焉。顾余之珍重此家书者，期与先生相见时，作共诉甘苦之印证；留示子孙，使知先人富贵不淫，威武不屈之气节；传之社会，可觇专制统治者之蛮横暴戾。然则此家书亦史书也。"这份家书既是章、汤两人在苦难中真挚情感的流露，也是章太炎革命之志终不屈挠的见证。

汤国梨不仅是章太炎的生活伴侣，也是章太炎志同道合的知己。"九一八"事变后，章太炎积极呼吁抗日，汤国梨则在上海"一·二八"战事发生后，联合妇女界成立了"第十九伤兵医院"，积极救治伤员。章太炎晚年能定居苏州讲学也全是汤国梨一手操办。据当时的学生任启圣回忆说：学会虽由先生出名主办，而操持内幕者实为其夫人。余初至苏州照例先谒师母（同学皆呼章夫人为师母），夫人谓"凡来会求学者，皆属同道，我竭诚欢迎，否则虽中央大员来，恕不招待"。其口气颇大，亦甚得体，又笑谓"大师只是教授，并不管会务，余系会长兼庶务，诸生有事可来找余商量，不必麻烦大师，而大师亦不善于管事也"。诸生一切琐事以及起居医药皆由章夫人，体贴周到，无微不至。

汤国梨是近代著名诗人，夏承焘在《章夫人词集题辞》中赞道：夫人词婉约深厚，讽世移人，其视太炎之治朴学，择术虽殊，精诣盖无二也。汤国梨生有两子，长子章导、次子章奇，皆学有所成。汤国梨卒于 1980 年，享年 98 岁。

痴迷事业，不顾其他

在一般人眼中，章太炎与其他革命家或国学大师最大的不同，似乎不是政治主张，也不是学术观点，而是他的"怪"。这种所谓的"怪"有些是他"依自不依他"人生观的表现，有些是率性而为的性格所致，有些是过分关注一事而不计其他，有些则纯粹是好事者添油加醋的演绎和放大。所有这些的"怪"不但无损于章太炎革命家和国学大师的形象，反而让人看到了他风趣幽默、痴迷事业、大智若愚的另一面。

章太炎的"怪"首先表现在不修边幅，饮食随意。他早年的同事马叙伦回忆说：章太炎在爱国学社期间，经常到张园演说。别人登台都是由后面循阶拾级而上，可章太炎往往从前面攀援而升。他演说不过数语，就大声疾呼"必须革命，不可不革命，不可不革命"，说完便下台。当时，他已剪去辫子，而仍穿旧装。夏季，赤裸着上体而穿着浅绿纱半接衫，裤带是用两根缚腿带连接而成的。因系得不紧，便时时用手提裤子，好像裤子要掉似的。这种穿戴和举止确实有点怪。另据他的三女婿朱镜宙回忆：我国旧式布袜，底面不同，而机织线袜则亦是。一日，家中人发现他的脚背有物隆起，仔细一看，才知道将底面反穿，互相大笑不止。新式皮鞋有左右脚之分，与中式皮鞋不同，他常误左为右，误右为左，于是就讨厌皮鞋。朱还回忆说：先生赋性俭约，每天孜孜于经史之间，日用之物从不在意，一件衣服，往往穿十数寒暑也不更换，而对患难的好友，则周济从不吝啬。

章太炎除了爱好吸纸烟外，在饮食方面别无专好。据他的学生王基乾回忆：章夫人是信佛茹素的，禁食一切肉类；因为要维持先生的健康，案上也常常设鸡。但先生却从不下箸，只吃面前的蔬菜。后来有人建议，把鸡肉放在先生面前，从此他就专以鸡肉佐餐了。有人说这与宋代的王安石颇为相似。

章太炎的另一个"怪"就是不识家门。这有很多记载。据他的夫人讲，在上海期间，章太炎能独自雇人力车往孙中山家，可对自己住的里弄地名记不清楚，因此由孙家回来，必由人陪送。可有一次，却闹了一个笑话。当时孙中山派人陪章太

111

炎回家，出了孙家门，门口只有一辆人力车，章太炎便坐上让车夫快跑。车夫问往哪去？章太炎回答家里，又问家在哪里？章太炎说在马路上弄堂里，里弄口有一家纸烟店的弄堂。车夫拉着章太炎满街跑，每经过一个里弄，车夫就问是不是这？章太炎回答不是。陪章太炎回家的那个人本要找车与章太炎同行，现在不见了章太炎，便打电话到章家询问，才知道章太炎没有回家。于是，孙家再派三人，连同原来陪送者，共四个人，在"大世界"游艺场前马路的四角上，注意来往的车辆，终于发现了章太炎，把他送回家。事后说起来，人人忍俊不禁。另据陈存仁回忆，有一次，章太炎叫了一辆人力车拉他到三马路来青阁买书，看了半天，一本书也没有买，便又叫上另一辆人力车回家，车夫问他到哪里，他只是指向西边，而始终说不出自己的寓所所在。车夫拉了半天，知道情况不妙，便问他："先生你究竟想到什么地方？"章太炎告诉车夫："我是章太炎，人称章疯子，上海人个个都知道我的住处，你难道不知道？"车夫频频摇头，在无可奈何的情况下，仍将他拉回来青阁，然后才把事情解决。陈存仁说，类似这般的笑话，在章师是常常有的事，不足为奇。

　　章太炎生活能力极差，特别不知钱为何物，为此经常上当受骗。汤国梨回忆说，他们刚结婚时，章太炎任筹边使的薪金，再加上北京等地好友所送的贺仪，共有现钞7000元。当时在上海新闻界工作的苏州人钱某建议这7000元应存入银行，自己愿意去办，章太炎表示同意，便把钱交给了他。过后，钱某人拿出一张3500元的存折给章太炎，并说银行职员当面点清，只有3500元。章太炎在交钱时并未点明数字，这时除瞠目结舌外，毫无办法。到了晚年，他更不明了钞票的价值如何。吩咐仆役买香烟一包，便给钞票五元，他的儿子要做大衣，他也给五元，甚至在苏州建造房屋时候，他又照样从囊中取出五元，原来他认为钞票一张，便有一次用途。有人对此的解释是，他平日全神贯注于书本上，满脑袋充满了学问，其他什么都弄不清楚了。

更令人可笑的是他晚年买房子受骗的事。据王基乾回忆，章太炎晚年寓居上海，后因事到苏州，有人劝他就在苏州安家，并且介绍他买一所房子。那所房子在侍其巷，只有前面一重是楼房，院子里栽了几棵树。他走去一看，就很满意说："还有楼！"看见树又说："还有树！"后面也不再看，就和人家议价。人家看他这样满意，向他索价15000元。这在当时已是超过时价很多，本有还价的余地。不料他非但不还价，竟付出17000元成交。等到章夫人知道后赶来看时，一切手续业已办妥，房子竟不能住！要卖，原价已经很高，绝对卖不出，租也租不上价。结果只有空着，雇人看守，另在锦帆路筑一新屋。

章太炎书法自成一家，在当时颇为人看重。据陈存仁回忆，有一次，章太炎同弟子陈存仁等到杭州楼外楼去小酌，楼外楼主人一见，殷勤招待。一共四人，章太炎只点了三味菜：一味是宋嫂鱼（即西湖醋鱼）、一味是东坡肉、一味是随园方脯（即蜜饯火腿），这些名目，都是他根据书上来的。主人一见菜单，哑然失笑，说这些菜是不够吃的。后来上菜，除了点的菜之外，竟然多了不少菜。吃罢，章太炎见邻桌已铺好笔墨纸砚，便一跃起座，就问主人要写什么，主人回答随便什么都可以。章太炎竟然写了一首张苍水的绝命诗，长得不得了。

章太炎在楼外楼写张苍水的绝命诗，主人一见，心中认为是大大的不吉。待写完之后，便拿去给识家展阅。有人指出，张苍水的绝命诗字数极多，章先生仅写了起首一段，要他再备许多纸张，邀请章氏每天来写，写成一个长卷，价值甚高。第二天，楼外楼主人又拿了请帖，邀请章太炎前往进膳，说是到了许多新鲜湖虾，希望每天去吃饭，章太炎欣然接受。大约用十天，章太炎把绝命诗全部写完，并且在卷尾加了一节长长的跋语。这件墨宝，传说楼外楼主人以墨银二百元售出，后来又几经易主，十五年后，被人以黄金二十两的代价购得。

章太炎治学勤奋也有不少趣闻。他晚年患鼻疾甚剧，时常发作，其致病之由，皆因努力学术之故。他的住处有一大室，四壁琳琅皆是书籍，除窗户外，没有空地，即窗户之上下亦设书架。每每半夜睡醒，忽然记起某书某事，即起床到书架翻阅，往往看到天明，虽在严冬，也不知道加衣。第二天清晨，仆役进屋打扫卫生，见章太炎持卷呆立，形如木鸡，连忙惊呼："老爷，你还没有穿衣服呢！"章太炎这才惊醒，则必患重伤风，伤风必患鼻疾。家人虽欲禁之，实不可能。章氏治学精神，由此可见一斑。

并非疯子，狂放而已

章太炎还有一个不雅的外号叫"章疯子"，他自己有时也称自己有"神经病"。章太炎是不是"疯子"，是不是有"神经病"，这里面有很多说头，也是了解章太炎思想和性格的一个有趣的花絮。

章太炎在《自定年谱》"1883年"写道："先君命赴县应童子试，以患眩厥不竟。"在"1885年"又写道："眩厥未愈，而读书精勤。"章太炎在这里所说的"眩厥"可能是因为读书过勤引发的头痛、头晕，或神经衰弱，显然不是"癫痫病"或"精神病"。

但有关章太炎患有癫痫的记载也有不少。他早年的同事马叙伦在《章太炎》一文中写道："其幼病羊痫，故不能应试。"
章太炎的二女儿章㳟在《我的母亲章王氏》一文中说："父亲
在母亲体贴入微的照料下，不几年，他的旧病癫痫就霍然而
愈，不再重发。"可见，章太炎早年确患有某种精神方面的疾
病，但是不是"羊痫风"或"癫痫病"倒不一定。

1906 年 7 月 15 日，刚刚出狱的章太炎在日本东京留学生
欢迎会上发表了语惊四座的演讲。他说：大概为人在世，被他
人说个疯癫，断然不肯承认。独有兄弟却承认我是疯癫，我是
有神经病，而且听见说我疯癫，说我有神经病的话，倒反格外
高兴。为什么缘故呢？大凡非常可怪的议论，不是神经病人，
断不能想，就能想也不敢说。说了以后，遇着艰难困苦的时
候，不是神经病人，断不能百折不回，孤行己意。所以古来有
大学问成大事业的，必得有神经病才能做到。但兄弟所说的神
经病，并不是粗豪鲁莽，乱打乱跳，要把那细针密镂的思想，
装载在神经病里。譬如思想是个货物，神经病是个汽船，没有
思想，空空洞洞的神经病，必无实济；没有神经病，这思想可
能自动的么？很显然，章太炎在这里所说的"神经病"并不是
生理或病理上的"神经病"，而是指作为一个思想家应具有的
敢于冲破世俗观念和传统习惯、"百折不回、孤行己意"的胆气
和雄心。如按照这一含义，不光章太炎有神经病，古往今来的思
想家都有神经病。整个世界就是由"神经病人"在推动着前进。

晚清民国时期，关于章太炎是"疯子"的说法很多，章太
炎有时自己也故意装疯，作为遁世的方法。他的老友张继常笑
他是"装疯子"。关于章太炎是不是疯子，他晚年的学生、后
来成为名医的陈存仁在《阅世品人录》中有过详细的辩白。陈
存仁先列举了八条说章太炎是"疯子"的资料，然后根据自己
的观点来加以诠释：第一，羊痫风是脑部神经疾患的一种，发

作时会突然跌倒于地，口吐白沫，轻者不发一言，一两分钟之后，就会清醒过来，毫无所苦，重的倒在地上，发出如羊的声音，这是痰塞喉间所致，不加医疗也是五分钟到二十分钟自己会醒过来。在不发作的时候，与常人无异，也与疯痫之症完全不是一个病症。第二，正式的神经病，不但与羊痫风无关，亦与神经衰弱无关，这是属于神经分裂症。文的叫文癫，终日喃喃自语，做工作常常失态，或完全不能处理事务；武的叫武癫，动辄打人，或以头撞墙。这种病人治疗不易，终生不会恢复到能够写一封信，或是著什么书。陈存仁最后的结论是，说章太炎状似神神经经是可以的，说他患过羊痫风则是完全错误的，而且幼时即使有羊痫风的话，也与成年后的脑神经没有关系。陈存仁认为章太炎实在不是疯，不过有些文人的狂放豪气。

台湾学者汪荣祖在《康章合论》中则从更高的层面上来解读章太炎的"疯"。汪荣祖认为：广泛流传的"章疯子"这一绰号，是公正评价章太炎的"障碍"之一。试问疯人妄语，何能引起重视？用"疯子"的先入之见来评论太炎，安得其平？有人说太炎"自认疯癫"，似是而实非。章太炎在留学生欢迎会演讲中所说"神经病"，乃是一种不计成败利钝的干劲，以及不趋时尚与世俗的精神。有了这种干劲与精神，才能搞革命。如果不理会太炎的用意，自然可把"神经病"一词作为挪揄嗤笑的话。当太炎因"伪《民报》"事与孙中山发生严重争执之后，黄兴曾写信给孙中山说："弟与精卫等商量，亦不必与之（太炎）计较，将来只在《民报》上登一彼为神经病之人，疯人呓语，自可不信。"民国成立以后，"章疯子"的名气更大，凡是不合时尚与流俗的话，多可指为"疯人呓语"。鲁迅有一段有趣的回忆：民国元年，章太炎先生在北京，好发议论，而且毫无顾忌地褒贬。常常被贬的一群人于是给他起了一个绰号，曰"章疯子"。其人既是疯子，议论当然是疯话，没有价值的。但每有言论，也仍在他们的报章上登出来，不过题目特别，道："章疯子大发其疯"。有一回，他可是骂到他们的反对党头上去了。那怎么办呢？第二天报上登出来的时候，那题目是："章疯子居然不疯"。

针对这种"与己不同者为疯，与己同者为不疯"的论调，汪荣祖举了一个南朝刘宋时人袁粲的话：古代有一个国家，国中有一处水，号曰狂泉。国人饮此水，无不狂，唯有国王自己凿井而饮，没有发狂。可国人既然皆狂，反说不狂的国王为狂，于是想尽各种办法为国王治病，国王不堪其苦，于是便饮狂泉，结果一国皆狂，皆大欢喜。袁粲的故事充分说明不随流俗的困难与危险，即使是国王，也难以独立。汪荣祖由此发问：章太炎真是疯子呢？还是不愿饮狂泉之水呢？如果不去论证何以是"疯话"，何以是"呓语"，而先肯定其人为疯，故其语为呓，不免在论证时犯了"人身攻击的谬误"。

章太炎一生的革命功绩彰彰在目，他的道德文章举世敬仰。如果把他与流俗不同的言论和行为视为"疯癫"，那只能算是"人身攻击"，当年的政敌曾经用过，后来的研究者自会不取。

自写墓碑，以待横死

章太炎一生多次被追捕，多次入牢狱，其面临生死考验可谓多矣，但他始终能置生死于度外，在生死考验面前毫不屈服。他是革命道德的倡导者，也是革命道德的践行者，其高风亮节举世称道。

光绪二十九年（1903）六月，当工部局巡捕要来爱国学社抓革命党时，其他人纷纷逃避，章太炎则对邹容说："吾已被清廷查拿七次，今第八次矣，志在流血，焉用逃为？"于是从容被捕，以入狱为代价演绎出一幕以一人敌一国的壮丽话剧。这种勇气和胆识非常人所敢想象。

章太炎一生面临的最严峻生死考验就是在北京被囚禁期间。当时，他确实作好了死的准备，他在给女婿龚宝铨的信中说："遭值穷匮，遂将槁饿，亦所愿耳！来月初旬，盖仆殒身之日也。"检点平生，他有自豪，也有遗恨，"夫成功者去，事所当然，今亦瞑目，无所吝恨；但以怀抱学术，教思无穷，其志不尽"。

为了能在死后与自己所仰慕的人相伴，他还写信给浙江青田人杜志远，托他和刘伯温的后裔商量，要求死后葬在刘伯温墓侧。他认为刘是"攘夷匡夏之人"，平生仰慕已久，而自己事业志行，与刘相仿，愿地下为邻，以示景仰。不久，杜志远回信说得到刘伯温后人的同意，章太炎便用自己最擅长的小篆为自己写下墓碑，仅五个字"章太炎之墓"，寄给了杜志远。袁世凯死后，章太炎获得自由，墓碑手迹由杜志远家属保存。

章太炎一生历经磨难，但直到晚年，他的志节并未丝毫减退。据他的学生余云岫回忆说，有一日，章先生问他："新药中有入口既绝、略无宛转者乎？"余云岫无言以对。余云岫就此评论道：志士不忘在沟壑，勇士不忘丧其元。先生年六十矣，胡为而有此言也？先生一生为国忘身，疾恶如仇，老而弥笃。议论执政，讥弹人物，不避权贵，不畏强御，濒于危者屡矣。赖一二知友及汤夫人左右弥缝，得舒于难，而杀身成仁之念，未尝须臾忘也。

1936年6月14日，章太炎病逝于苏州。当时正值日本侵入、民族危机严重之时，章太炎希望自己死后葬在抗清民族英雄张苍水墓旁。章太炎死后，全国上下表示哀悼，国民政府拨款三千元治丧，并发布"国葬令"，但迟迟未付诸实施。大殓后，章太炎的灵柩暂停于家中灵堂内。章夫人带着幼子前往杭州购下了张苍水墓侧一片土地作墓地。此时，日军已逼近苏州，敌机常来空袭，为保安全，章家将章太炎灵柩转移到家中地下室内。后来，形势更加恶化，章家只得将章太炎灵柩暂厝在苏州家中的后花园内。园内原有个鱼池，便将水抽干，砌成墓穴，把灵柩暂厝于此。章家除留一老人看家外，其余逃亡上海。

日军占领苏州后，闯入章家，发现园内有一座新坟，没有墓碑，怀疑里面埋有财宝，一定要挖。守墓老人苦劝，竟遭毒打。后来有一个日本长官闻讯过来，知道这是章太炎坟墓，喝退了日军。几天后，他还来祭奠一番，并在墓侧立一木桩，上面写着"章太炎之墓"，此后，再没有日军来骚扰了。

新中国建立后，营葬章太炎之事又提到人民政府的日程上来。1951年，上海人民法院副院长叶芳言写信给浙江省人民政府，请帮助章家营葬章太炎，浙江省政府给予了肯定答复。同时，最高人民法院院长沈钧儒、高等教育部部长马叙伦也致函浙江省省长谭震林给予协助。章太炎生前好友田桓致函周恩来总理，请求帮助。在各方努力下，1955年4月，在章太炎去世十九年后，他的遗骸才最终安葬在杭州西湖边张苍水墓旁。章太炎墓面向西湖，背靠南屏山，墓用青石砌成，是圆形拱墓，墓碑有一人高，上面刻着章太炎当年的手迹"章太炎之墓"。

1966年秋，当时的造反派挖开了章太炎墓，并打开棺盖，将章太炎的遗骸拖出，暴尸野外。后由一园林工人将遗体草草掩埋。1974年，章太炎墓被夷为平地，改成菜园，墓碑也不知去向。

1981年10月12日，浙江省政府重新修复的章太炎墓竣工，墓碑仍根据章太炎手迹刻制，还是"章太炎之墓"五个字。一代有学问的革命家在九泉之下终于可以安息了。

第 10 章

有学问的革命家

　　章太炎是中国近现代史上的风云人物，在政治、思想、学术等方面都有卓越的贡献和巨大的影响。与同时代的其他国学大师相比，他有自己的独到之处，在以下几个方面表现得尤为突出。

集革命家与学问家于一身

　　1936 年章太炎去世后，政府和社会各界对他的革命业绩和学术贡献给予了高度评价。国民政府发布"国葬令"，称赞他"性行耿介，学问淹通"，生平事迹存备付史馆。章太炎的弟子汪东在《余杭章先生墓志铭》中将章太炎视为完人，其文曰："立德者不必有功，勤事者未皇绩学，兼备三者，繄惟先生。故能识综九流，勋媲微管；金声玉振，终始之为成，霆气流行，不言而成化；可谓出乎其类，拔乎其萃者也。"另一位弟子许寿裳在《纪念先师章太炎先生》中对章太炎的学问也有精辟的概括："先师学术之大，前无古人，以朴学立根基，以玄学致广大。批判文化，独具慧眼，凡古近政俗之消息，社会都野之情状，华梵圣哲之义谛，东西学人之所说，莫不察其利病，识其流变，观其会通，穷其指归。千载之秘，睹于一曙。"

不过人们最为熟悉的还是鲁迅对章太炎的评价。鲁迅在《关于太炎先生二三事》中把章太炎说成是"有学问的革命家"，准确抓住了章太炎一生最闪光的亮点，得到社会各界的普遍认同，从此"有学问的革命家"就几乎成了章太炎的专有名词。

"有学问的革命家"，这看似一个不够"高、大、全"的称呼，其实用意深刻。这是因为，在中国近代史上，革命家为数众多，与章太炎同时代的就有孙中山、黄兴、宋教仁等等，但这些革命家，一般不具备像章太炎那样的学术功底，更无法取得像章太炎那样的学术成就，所以，他们可称为革命家、政治家或思想家，但一般不能称为学问家。另一方面，中国近代史上的学问家也有不少，但饱学之士在政治上一般比较温和，要么主张改良，要么不问政治，或虽参加过革命活动，但不具备革命家的影响。如康有为、梁启超称得上是学问家，在某些方面与章太炎也有一比，但他们都是改良派，自然不能称为革命家。像熊十力也是著名学者，在辛亥前也参加过反清斗争，但够不上革命家的称号。至于像王国维、陈寅恪这样的国学大师更与革命家无缘。算来算去，中国近代史上"有学问的革命家"非章太炎莫属。这就是章太炎一生最独特之处。因此，无论写中国近代政治史、思想史、学术史都要辟出专章，对章太炎浓墨重彩地描述，一个人到了这个份上，想不伟大都难。

从鲁迅的那篇文章来看，他显然认为章太炎首先是革命家，其影响也主要在革命方面。鲁迅写道：我以为先生的业绩，留在革命史上的，实在比在学术史上还要大。回忆三十余年之前，木板的《訄书》已经出版了，我读不断，当然也看不懂，恐怕那时的青年，这样的多得很。我的知道中国有太炎先生，并非因为他的经学和小学，是为了他驳斥康有为和作邹容的《革命军》序，竟被监禁于上海的西牢。鲁迅又说：前去听章太炎讲学，但又并非因为他是学者，却为了他是有学问的革命家，所以直到现在，先生的音容笑貌，还在目前，而所讲的《说文解字》，却一句也记不得了。在文章的最后，鲁迅说：战斗的文章，乃是先生一生中最大、最久的业绩，假使未备，我以为是应该一一辑录、校印，使先生和后生相印，活在战斗者的心中。

尽管学界普遍认同鲁迅对章太炎"有学问的革命家"这一定位，但究竟"革命家"和"学问家"哪一个更重？现代学者与鲁迅认识有所不同。如上所述，鲁迅认为章太炎在革命史上的业绩比学术史上要大。而现代学者普遍认为章太炎在学术史的贡献更大。章太炎的晚年弟子汤炳正在 1993 年发表的《忆太炎先生》一文中，专门与鲁迅相对，把太炎先生看作"有革命业绩的学问家"，显然是以学问家为主。现代学者陈平原也说：在我看来，章太炎不只是革命家，更是近代中国最博学、思想最复杂高深的人物。鲁迅称章氏为"有学问的革命家"，我则倾向于将其作为"有思想的学问家"来考察。现代著名史学家章开沅在唐文权、罗福惠所著的《康有为思想研究》序言中说：我觉得我们过去对章太炎的研究路子比较狭窄。章太炎在辛亥革命前的民主共和鼓吹诚然值得表彰，辛亥革命后的渐入颓唐也有许多经验教训需要总结，但章太炎在历史上的地位与作用主要并不在于政治方面。综观章氏一生，他的主要事业是在学术方面，他对民族的贡献主要也是在学术方面。他说不上是一个政治家，特别说不上是一个优秀的政治家。他具有参加民主革命的光荣，也有游离于革命主流之外的落伍，但终其一生他却称得上一个真诚爱国的大学问家、大思想家。

现代学者与鲁迅之所以在评价章太炎上有些差异，主要是时代不同所致。鲁迅生于清末，是看着章太炎的文章长大的，章太炎的反清革命的文章和入狱带来的轰动给他留下了深刻的印象，一生难以忘怀。而20世纪30年代的章太炎在思想学术方面的影响已大为减弱，在鲁迅眼里，甚至已经落伍和颓唐，所以鲁迅更看重章太炎在辛亥以前的革命业绩。而现代学者，没有亲身感受到章太炎当年革命文章的魅力，也不存在"革命尚未成功"的时代氛围，因此，更能看出章太炎学术文章的价值，更重视章在学术史上的崇高地位。可以预见，随着时代的发展，革命将是越来越遥远的话题，国学大师也会越来越少，章太炎在思想、学术方面的贡献和价值还会被学术界不断提升。

彻头彻尾的民族主义者

在章太炎的政治和学术思想中，始终贯穿着一根主线，那就是民族主义。他早年立志反清，提倡国粹，晚年呼吁抗日，提倡读史读经，都是民族主义精神的体现。在近代的诸多国学大师中，像章太炎这样彻底的民族主义者也不多见。

章太炎的民族主义思想起源甚早，他在1906年留学生欢迎会上说：兄弟少小的时候，因读蒋氏的《东华录》，其中有戴名世、曾静、查嗣庭诸人的案件，便就胸中发愤，觉得异种乱华，是我们心里第一恨事。后来读郑所南、王船山两先生的书，全是那些保卫汉种的话，民族思想渐渐发达。

民族主义是章太炎反清革命的思想武器，但他也并非是狭隘的种族主义者，1911年武昌起义爆发后，他就在《致留日满洲学生书》中说：所谓民族革命者，本欲复我主权，勿令他人攘夺耳，非欲屠夷满族，使无孑遗，效昔日扬州十日之为也；亦非欲奴视满人不与齐民齿叙也。意思是说，民族革命只是要恢复主权，并非要杀尽满人，也并非要奴役满人。若革命成功，满族亦是中国人民，农商之业，任所欲为，选举之权，一切平等。

章太炎身处列强侵华、民族危亡的时代，因此，他对外的民族主义更为强烈。他反对外族入侵的思想武器仍是中国的历史文化，他在清末提倡国粹的用意也正在于此。他在留学生欢迎会上说：近来有一种欧化主义的人，总说中国人比西洋人所差甚远，所以自甘暴弃，说中国必定灭亡，黄种必定剿绝。因为他不晓得中国的长处，见得别无可爱，就把爱国爱种的心，一日衰薄一日。若他晓得，我想就是全无心肝的人，那爱国爱种的心，必定风发泉涌，不可遏抑的。

章太炎的民族主义不仅表现在政治方面，更表现在学术方面。吴文祺在《章太炎的文学思想》中指出：章氏是一个彻头彻尾的民族主义者，万变不离其宗，故他研究一切学术都离不开这最终极的目标。他研究语言文字学的目的在于"考合旧文，素寻古语，庶使夏声不坠，万民以察"。他研究历史的目的在于使儿孙小子"耿耿不能忘先代，然后民无携志，国有与立"，"国之有史久远，则灭亡之难"。他还把民族主义比作稼穑，只有用历史中所载的人物制度地理风俗不断为之浇灌，儿孙小子才能茁壮成长。

章太炎晚年正值日本侵华，民族危机的加重使他的民族主义激情重新点燃。1935年，他在答复《大公报》主编张季鸾问政时，提出三条，皆以提倡民族主义精神为要。他晚年在苏州抱病讲学，高扬的仍是民族主义精神。他在讲学中，特别重视中国历史和语言文字，他说："国于天地，必有与立。所不与他国同者，历史也，语言文字也，二者国之特性，不可先坠也。昔余讲学，未斤斤及此，今则外患孔亟，非专力于此不可。余意凡史皆《春秋》，凡许书所载及后世新添之字足表语言者皆小学。尊信国史，保全中国语言文字，此余之志也。"这就是一位六十多岁的老人对民族文化的拳拳之情。

章太炎的民族主义思想对他的文化观也有直接的影响。汪荣祖在《康章合论》中指出：章氏的民族主义不始于排满，亦非排满可概括。排满乃是他恢宏民族主义的必要手段，而非最终目的。排满随革命的成功而中止，但民族主义并未随排满的中止而稍衰。最主要的是，历史意识使太炎认识到文化的特殊性格。他曾说过："盖凡百学术，如哲学、如政治、如科学，无不可与人相通，而中国历史，断然为我华夏民族之历史，无可以与人相通之理。"历史无可以与人相通，即是独特的；而经由此一独特历史过程所发展出来的文化，当然具有特殊性格，不可能与不同历史环境中所产生的文化相同。此乃对"文化多元论"之认知——文化既各个相异，各有其特性，唯有相互尊重，而不能也不必要求甲文化臣服于乙文化。汪荣祖认为，章太炎之所以坚持文化多元论，其根据正在于他从民族主义的立场出发，对中国历史文化特殊性的认识。

钱穆研究中国历史也始终坚持民族主义，强调中国历史文化的特性，反对用西方模式来套中国历史，因此，他对章太炎的民族主义评价甚高。他认为：太炎之史学，首先是民族主义史学，其次是平民主义史学，再次是文化主义史学，但三者同趣，归一民族文化是已。太炎之于政治，其论常夷常退，其于民族文化，师教身修，则其论常峻常激。章太炎是近世真正爱好民族文化的第一人。

　　章太炎强烈的民族主义是他走向反清革命的触媒，也是推动他致力于民族文化研究的不懈动力，他早年的激烈和晚年的保守也与此有关。在中华民族遭受内外民族压迫的时代，提倡民族主义，弘扬中华文化当然具有迫切的现实意义，这也是当时大多数革命者和学问家的共识。但另一方面，近代中国的思想文化又以批判传统、向西方学习为主线，特别是民国以后，批判传统更猛烈，学习西方更彻底，甚至出现全盘西化的论调。这些是坚守民族主义的章太炎所不能完全认同的，他在民国时期的所谓保守与落伍，都与他的民族主义立场有关。

思想复杂，学问渊深

　　章太炎的思想复杂深刻，举世公认。这是理解章太炎的困难，也是他吸引人的魅力。章太炎思想复杂深刻的原因很多，有些是复杂多变的时代留下的印记，有些是广博深邃的内容所致，有些是文字过于古奥，有些是读者读书太少，难以企及他的高度。

　　翻看章太炎的文集，映入眼帘的是一个个古字，一个个典故，文辞简洁，峻朗挺拔。这样的文章不光从小就学白话文的现代青年感到如同天书，就是有一些学术功底的青年学者也有时望而却步。章太炎是语言文字学大家，对各字的意义，辨别得最清楚，因而用字也最精确。他写文章爱用"本字"，认为世俗所通用的假借字，都不合于六书的本义，荡而失原，殊非修辞立诚之道。章太炎爱"本字"虽有他的用意，然而文字本来是一种应用的工具，约定俗成是一种趋势，要一一返本复始是不可能的，何况《说文》中的字也未必都符合造字的本始。章太炎坚持在文章中用"本字"，不免使人觉得佶屈聱牙，难以读懂。另外，他的文章中典故太多，不熟读经史者自然不知道他所指为何、用意何在。章太炎的文章从文学的角度来看，自有他的风格和魅力，他的政论文章在清末也产生了巨大影响，但对后人了解他的思想却增加了相当大的难度。

比文字更复杂的是他的思想本身，章太炎思想的复杂性在近代学者中无出其右者。他自述自己的思想发展轨迹是："始则转俗成真，终乃回真向俗"。这句话是了解他思想变化的钥匙。海外学者孙万国对此的解释是：章太炎思想有两个世界，即真界和俗界。真界是他的理想国，他所认为的宇宙的究竟、人事的本然，以说"无我""断我执"的无生主义为最高境界；俗界则是他所处的现象世界与历史片段，以说有无（以众生为我）、求独立的民族主义为当下的必要。就学术方面而言，真界里以哲学为主（包括先秦诸子学、印度佛学、西方思想，以及种种形而上学的兴趣），俗界里则以历史为主（包括他的经学、语言文字之学，以及种种社会学的观点）。当然，这真俗之间，又有关联，有时真中有俗，俗中有真。章太炎的思想中还有"求是"与"致用"的两个层面。汪荣祖解释说：我们可以说"转俗成真"是"求是"的过程，"回真向俗"是"致用"的过程。"真"指思想体系，"俗"指实际问题。章太炎从实际问题探索思想，再由思想解决实际问题。在"真"与"俗""求是"与"致用"之间，其思想的复杂性显而易见。

现代著名学者侯外庐在评价章太炎的思想时说：在中国哲学史上，章氏则上自老庄孔墨荀韩诸子，中经汉魏六朝唐宋明清各家，下抵戊戌变法的康有为、谭嗣同以及严复等均有评判。关于西方哲学，在古代则谈及希腊的埃里亚学派、斯多葛学派，以及苏格拉底、柏拉图、亚里士多德、伊壁鸠鲁等，在近代则举凡康德、费希特、黑格尔、叔本华、尼采、培根、休谟、巴克莱、莱布尼茨、穆勒、达尔文、赫胥黎、笛卡儿以及斯宾诺莎等人的著作几乎无不称引。关于印度哲学则吠檀多、婆罗门、胜论、数论各宗，《法华》《华严》《涅槃》《瑜伽》诸经，均随文引入。对世亲、无著之书，尤为赞佩。把这些古今中外的思想融为一体，能不复杂吗？

　　对章太炎思想的复杂性和矛盾性，著名哲学家李泽厚也有自己的解读。他指出原因有二：其一是章太炎古文经学的学术渊源。因为古文经学更着重于历史的详细考核与论证，章太炎由此而对祖国历史、文化、语言、文字、法律、风习等各方面进行了广泛的论列，浩如烟海的历史典籍成了他旁征博引出入自由的依据。从文字音韵到历朝史实，从典章制度到人物品评，章太炎在其文章中所涉及所论述过的对象、问题、议题、主张非常辽阔，比康有为的今文经学更远为宽广和复杂。如果用《訄书》来比当时的各种政论和著作，这一点就很突出。其二是章太炎对中国古代文化和哲学思想的吸取继承，也比别人远为庞杂。章太炎最初所持论不出《通典》《通考》《资治通鉴》诸书，归宿则在孔荀韩非。后来又以佛学唯识宗为主，企图将道、儒、法和西方哲学等等熔为一炉。而他对所有这几个方面的探索，比别人都要深广。例如，西方哲学他本不如严复懂，但他所论列评议的对象却比严复要多得多。他的博杂有类于梁启超，但比梁远为深入。梁浅、杂而多变，章则相对稳定；章构成了自己的思想体系，梁则始终没有。至于章太炎思想中的矛盾，李泽厚指出，在如此庞杂繁多的议论和思想变化过程中，当然会有极多的先后出入和自相矛盾。一生针对那么多的问题，发了那么多的议论，又接受吸取那么多的学派思想的影响，如果其思想、主张、言论、行为以及政治态度等等没有矛盾变化，倒是非常奇怪的事了。

章太炎思想的复杂深刻从另一个方面来看，也正是他成功的原因。对此，姜义华在《章炳麟评传》序编中有精辟的分析。姜义华认为章太炎之所以能在中国思想史、学术史上有如此大的建树，其原因有三：第一，章太炎在大多数时间中，是将中国和世界所遇到的现代、前现代、后现代大量实际问题，放在一起进行思考，并力图同时给予不同程度的解决。第二，章太炎的学问，来自中国古代的，除去儒家思想以外，还有佛学、诸子学；来自外国的，除去西方、日本的学说以外，还有被人们完全忽略的印度各家学说。他除去尽可能地阅读中外哲学、历史学及其他人文学、社会学方面的著作外，还广泛涉猎天文学、地质学、生物学等方面的著述。各种思想的冲突与贯通，使章太炎的思想和学术有着异于一般学人的丰富资源与深厚底蕴。第三，章太炎敢于怀疑，勇于批判，更重视建设，重视真理的揭示。他不是西体中用，按照西方模式怀疑、批判中国，也不是中体西用，按照中国固有观念怀疑、批判西方。他有更高的追求，努力寻找适合于中国和世界的建设方案。他在思想上、学术上的怀疑、批判、建设，格局都非常宏大而不褊狭。

奖掖后学，造就大师

章太炎对中国近代学术的卓越贡献，除了他自己的学术成就外，还有一个重要的方面，那就是培养出一大批著名的学者，其中有若干人亦跻身于国学大师之列。

章太炎的老师俞樾堪称大师，章太炎本人青出于蓝，更是当之无愧的国学大师，他又培养出若干国学大师和更多的专门学者，他的学生黄侃、钱玄同也培养出若干著名学者。如果要绘制一幅民国学术图表，章门弟子将会呈现出缤纷之势。章太炎不愧为中国近代学术史承上启下的关键人物。

与胡适等现代学者立足于高等学堂培养人才不同，章太炎虽先后在东吴大学、爱国学社任过教，但时间很短，他主要是通过讲学和面谈来扶掖后学，寄望殷勤。虽然规模上不如大学大，但就培养人才的数量和质量方面都不比大学差，甚至更胜一筹。

章太炎在诂经精舍跟俞樾学了八年，还向当时著名的学者谭献、黄以周、高学治等问过学，因此，他对传统书院式教学方法和自学都有深刻的体会和经验。他曾说：学问只在自修，事事要先生讲，讲不了许多。予小时多病，因弃八股，治小学，后乃涉猎经、史，大概自求者为多。1932 年 9 月 21 日，他在江苏省立苏州中学作了一场《经义治事》的演讲，对在现代学校制度下如何学经、学史谈了自己的看法。他认为：在现代学校制度之下，经能讲，史不能讲。这是因为学校制度根本不完善的缘故。经的书本少，讲来还不困难；但是在现代的大学里面，还只能讲一些概论之类。至于史，总数几乎二三十倍于经，卷帙繁多，如何讲得！于是不得不取巧一些，讲一些研究法。其实这根本是欺人之谈。试问未看全书，所谓研究，何从说起？我以为史的文理易明，不像经的训诂难通。费三年之功，一部"二十四史"，即可看全。这一门，宜于自修，不宜于讲堂上讲解。他还谈到书院的情况：以前的学校，叫作书院，其实相当于现在的图书馆。书院中预备了许多图籍，使得学生可以自由阅览。再聘请一位掌院或是山长，常驻院中，遇有疑难，可以请问。这种情形，学生有自得之乐，教师无讲演之劳，在事实上很是合理。假如这一项学问，书虽少而理却深，非经教师讲解，不能明了，这便须采用现在学校的讲授制，师生聚集在一处地方，按照次序讲授去了。所以，我以为学校和图书馆，两者不可偏废。这是章太炎对当时教育制度的看法，今天看来也不无意义。

章太炎一生举办过多次国学讲习会，他也主要靠这种方式来培养人才。国学讲习会虽由他本人或其他人讲授，但主要还是以自学为主，与传统的书院更相似。章太炎除了对小学、经学、诸子学作系统讲授外，还通过个别指导因材施教。据汤炳正回忆，他当时在苏州章氏国学讲习会被录取为研究生，得章先生私下指导良多。章太炎鼓励学生独立发展，自成一家。他在为黄侃写的《墓志》中就说黄侃："尤精治古韵，始从余学，后自为家法。"他曾对学生说："大国手门下，只能出二国手；而二国手门下，却能出大国手。"汤炳正不解其意，向章先生请教，章太炎就说："大国手的门生，往往恪遵师意，不敢独立思考，学术怎会发展；二国手的门生，在老师的基础上，不断前进，故往往青出于蓝，后来居上。所以一代大师顾炎武的门下，高者不过潘耒之辈；而江永的门下，竟能出现一代大师戴震。"在谈到博学时，章太炎说："博学要有自己的心得，有自己的创见；否则就是读尽了天下书，也只是书笥，装了些别人的东西，而不是自己独有的东西。"他还教汤炳正多写札记，认为这是初学最好的学习方法，日积月累，大问题可以发展成长篇论文，小问题多了也可成为札记专集。至于从事著述的早晚问题，章太炎曾对汤说："有了心得，为何不能早写？如无心得，则只有勤读书，待有了创见再说。"当学生黄侃五十寿辰时，章太炎送上一幅寿联："韦编三绝今知命，黄绢初裁好著书。"劝弟子及时著书。没曾想，黄侃五十而死，学问未能传于后世。章太炎对此很悲恸，对弟子说："轻著书，固然不对；不著书，也未必是。"

章太炎培养出的著名弟子有：

黄侃，字季刚，著名的文字学家、训诂学家、音韵学家。在日本东京拜章太炎为师。章太炎在北京被囚禁期间，一度与章太炎同住。曾在北京大学、北京师范大学、东北大学任教。

龚宝铨，字未生，早年参加光复会。章太炎东京讲学多由他组织，后成为章太炎的大女婿。曾任浙江图书馆馆长。年四十而逝。章太炎为他写有《龚未生事略》。

朱希祖，著名历史学家。在日本东京听章太炎讲学。曾在北京师范大学任教。

钱玄同，著名文字学家。在东京听章太炎讲学。

周作人，著名文学家。在东京听章太炎讲学。

马裕藻，著名学者。在东京听过章太炎讲学。

沈兼士，著名学者。在东京听过章太炎讲学。

鲁迅，著名文学家、思想家、革命家。在东京听章太炎讲学。

汪东，字旭初，著名学者。在音韵学、训诂学、文字学方面颇有成就。在东京听过章太炎讲学。

许寿裳，著名学者，文学家。在东京听过章太炎讲学。1946年出版《章炳麟》一书，对章太炎的思想、学术、生活都有简要概述，为了解章太炎必读之书。

任鸿隽，著名学者。创办中国科学社，曾任北京大学教授、四川大学校长。在日本东京听过章太炎讲学，所写《记章太炎》一文对听讲经过记载甚详。

刘文典，著名学者。曾任北京大学教授、安徽大学校长。

他原是刘师培弟子，后在日本东京向章太炎问学，成为章门弟子。

余云岫，上海名医。在日本东京曾听过章太炎讲学，后在上海为章夫人治病，章太炎方知余原来是自己的弟子。

吴承仕，著名学者。在经学、小学、三礼名物、历代典章制度等方面研究颇有成就。章太炎被囚禁北京期间，前来问学，成为章门弟子。曾帮助章太炎汇集整理《菿汉微言》一书。

曹聚仁，著名作家，学者。1922年在上海听过章太炎演讲，记录整理章太炎《国学概论》一书，流传甚广。

陈存仁，医学家。著述甚多，章太炎晚年弟子，对章太炎晚年生活了解甚详，所著《阅世品人录》一书，涉及章太炎婚事和家书。

左舜生，著名学者。在上海中华书局任职期间，曾有两年与章太炎交往甚密，自言是生平受前辈教益最多之一时期。

以上所列只是章门弟子中亲炙较久、关系较密、学界有名的数位。章太炎在日本讲学期间，听者有数百人，在北京讲学期间，听者约百人，原来的弟子在北京者，多又前来问学。在苏州国学讲习会有学生近五百人，至于有多少人听过章太炎讲学，难以数计。有些人可能听过一两次就茅塞顿开，思想大变，为以后成才打下基础，如前面提到的顾颉刚就是一例，而顾颉刚又是章太炎弟子钱玄同的学生。由此可见章太炎在学术传承方面所起的作用。王学典、孙延杰在《顾颉刚和他的弟子们》一书中提到：在培养学术传人方面，顾颉刚可以说前有章太炎、胡适，后无来者。章太炎仍被列在首位。陈平原、杜玲玲所编的《追忆章太炎》为我们提供了章太炎奖掖后学、培养人才的实例，是章太炎学术传承的真实写照。

晚年的定位

1936 年，在章太炎去世后不久，鲁迅就在《关于太炎先生二三事》中对乃师进行了盖棺论定式的评价，其"有学问的革命家"的定位和"七被追捕，三入牢狱"的革命经历深入人心。但鲁迅在把章太炎主要定位为"革命家"的同时，亦指出章在晚年的落伍：太炎先生虽先前也以革命家现身，后来却退居于宁静的学者，用自己所手造的和别人所帮造的墙，和时代隔绝了。既离民众，渐入颓唐，后来的参与投壶，接收馈赠，遂每为论者所不满，但这也不过白圭之玷，并非晚节不终。纵观全文，鲁迅对章太炎的评价是很高的，但"和时代隔绝""渐入颓唐"却是明言章太炎晚年落伍，不过，鲁迅还是为章太炎的晚节作了辩解。由于鲁迅的这篇文章影响广泛，一般人据此就认为章太炎晚年脱离民众，保守落伍了。

事实真的如此吗？的确，章太炎在民国以后的影响不如清末。就政治而言，因为清朝已被推翻，他先前以反清为核心的民族主义失去了目标，他虽然仍坚持民主共和的信念，但同当时兴起的社会主义思潮相比，还是不够激进。就思想学术而言，新文化运动中对传统的激烈批判、对白话文的提倡，以及史学界热衷于利用古物来证史的风气，都引起他的不满，甚至反对，他晚年提倡读经更是被人视为保守的象征。但章太炎在民国时期仍是不可忽视的重要人物，其在政治、思想、学术方面的影响力依然存在，即便那些批判他落伍的新派人物，依然在接受他思想学术的浇灌。

胡适无疑是新文化运动时期在思想学术领域升起的一颗最

耀眼的新星，他的思想主张自然与章太炎大为不同，但他对章太炎的学术成就仍是给予充分的肯定。他在《五十年来中国之文学》中对章太炎的评价是："这五十年中著书的人没有一个像他那样精心结构的；不但这五十年，其实我们可以说这两千年中只有七八部精心结构，可以称作著作的书——如《文心雕龙》《史通》《文史通义》等——其余的只是结集，只是语录，只是稿本，但不是著作。章炳麟的《国故论衡》要算是这七八部之中的一部了。"把章太炎的《国故论衡》视为两千年中仅有的七八部著作之一，评价不可谓不高。

1919 年 5 月，胡适的学生毛子水在《新潮》杂志上发表了《国故和科学的精神》一文，有多处提到章太炎，认为章太炎的国故研究具有科学精神，其著作对胡适提倡白话文有浇灌之功。毛子水写道：近时出版的讲国故学的书籍，章太炎先生的《文始》《检论》和《国故论衡》等，马建忠的《马氏文通》，胡适之先生的《墨家哲学》和《中国上古哲学史大纲》，就大体而言，都是精审的著作。马胡二君，都是研究过科学的。章君少时研究经学，深得疏证学"重证""求是"的心习。这个心习，就是科学的精神。所以章君虽然有许多地方，不免有些好古的毛病，却是我们一大部分的"国故学"经过他的手里，才有现代科学的形式。至于章太炎对胡适的影响，毛子水说：一个新鲜的思想，必须经过许多时候的培植，许多时候的浇灌，才能够被发现出来。以"文学改革"为例，从章太炎先生作《文学论略》到今天，大约十年了。他这篇文章发表以后，过了六七年，《新青年》就载出胡适之先生的《文学改良刍议》。现在有多数人同情于胡君的《刍议》，章君的《论略》实在有"培植浇灌"的功劳。这是胡适的学生对章太炎的评价，足见章太炎对新文化运动产生的影响。

鲁迅是章太炎的弟子，早年在东京听过章讲文字学，他在文学上受章太炎启示很大，他的"魏晋文章"就深受章太炎的影响。鲁迅早年发表的《文化偏至论》，主旨即在批评盲目模仿西方，其观点与章太炎重精神与自性，以及文化特殊论完全一致，受其影响显而易见。鲁迅后来在章太炎的另一弟子钱玄同的引导下走上了"文学革命"的道路，与章太炎的文化主张发生较大差异，故认为章太炎早年"战斗"，晚年"颓唐"。鲁迅对章太炎的这种评价，汪荣祖认为，其实太炎的文化观点基本没变，变了的是鲁迅的文化观。比较 1907 年写的《文化偏至论》与 1918 年写的《狂人日记》，立见其从"平和"到"激烈"的转变。

断定章太炎晚年保守落伍的主要依据是他反对白话文、反对甲骨文、提倡读经。其实，这里面有许多待澄清的误解。1935 年 4 月，章太炎在苏州作了一次《白话与文言之关系》的讲演，表达了他对白话文的看法。他认为：欲取文言而代之，则必成一统系，定一格律然后可。现在通行的白话中，鄙语固多，古语亦不少。所谓白话，依何方之话为准乎？白话中藏古语甚多，如小学不通，白话如何能好？可见他反对白话主要是担忧在语言整理好之前，推行白话，会导致语言文字的混乱和国性的丧失。尽管他的这种主张不合时宜，他本人也没有写过白话文，但他反对白话文同样是基于对中国语言文字重要性的认识，不能以抱残守缺者视之。并且，如上所述，他在语言文字学方面的成就对现代白话文这朵奇葩的开放亦有"浇灌之功"。

他反对甲骨文的理由是当时出现的甲骨文赝品太多，而且，中国史乘极为丰富，不信经史实录而偏信器物是数典忘祖，自甘与无史乘之荒僻小国为伍。他的结论是：离去史乘，每朝之历年即不可知。徒信器物，仅如断烂朝报，何从贯穿？因此，以史乘证器物，则可；以器物疑史乘，则不可；以器物作读史之辅佐品，则可；以器物作订史之主要物，则不可。如据之而疑信史，乃最愚之事也！20世纪20年代疑古思潮大行其道，其主要代表人物就是章太炎的弟子钱玄同以及听过章讲学的顾颉刚，同时，史学界也以利用甲骨文、金文、古器物研究历史为时髦。章太炎对此的批评固然有其过分相信经史的局限，但当时确有商人为了牟利而伪造甲骨文，而且，即便有些甲骨文是真的，他仍担心很多人视音、形、义或残缺或难定的甲骨文、金文来窜乱中国文字。章的学生汤炳正对此分析说，章太炎对金文的运用抱审慎的态度和对甲骨文的出土抱怀疑的态度，所有这些，与其说是"保守"，毋宁说是由于"严谨"而失之偏激。章太炎曾对他说：清末吴大澄在甲午战争中的狼狈相，简直好笑！他用金文来研究《尚书》，简直是无稽之谈。当时收藏甲骨文最多的某某人，民族气节可以不讲，国土可以出卖，出自这类人物之手的东西，教我怎信得过！因为不信其人，连带不信其学及收藏之物，这倒符合章太炎一贯以气节褒贬人物的秉性。

章太炎主张读经主要是在"九一八"事变以后，他对读经的看法与真正的保守者并不相同。他从未把经视作维护封建传统的灵符，而是视作寄存国性的历史。他晚年主张读经，更有时代意义。当时中国面临日本帝国主义的疯狂侵略，他希望若中国人能读经，即使国亡，国魂可以不亡，终可复国。请看他的谆谆告诫："设或经学不废，国性不亡，万一不幸，蹈宋、明之覆辙，而民心未死，终有祀夏配天之一日。且今日读经之要，又过往昔；在昔异族文化，低于吾华，故其入主中原，渐为吾化；今则封豕长蛇之逞其毒者，乃千百倍于往日，如我学

137

人，废经不习，忘民族之大闲，则必沦胥以尽，终为奴虏而已矣。"在民族危难之际，章太炎为保存国性而提倡读经，正是要以此来激发民族主义精神，抵抗外族入侵，不能简单地以保守顽固视之。

诚然，章太炎晚年已不再是时代的中心和国人关注的焦点，他激扬文字、叱咤风云的时代已经过去了，但他对中国思想、学术的影响并非一时一世。"九一八"事变后，被国民党政府压制数年的章太炎重新出山，以老迈之躯尖锐抨击当局对外妥协退让，大声疾呼民众起来抗日救亡，又在苏州开办国学讲习会，造就国学人才，这些都是他晚年的壮举，可以说，章太炎的人生是在辉煌中精彩谢幕的。区区几句"和时代隔绝""渐入颓唐"不足以概括章太炎的晚年。

哲人虽去，思想长存

章太炎去世距今已七十多年了，在他生前和身后对他的评价也有诸多变化。这些变化既留下了时代的烙印，也是他本身思想复杂的反映。梳理一下这些评价，也有助于我们更客观、全面地了解他。

1913 年，黄侃就对章太炎的革命精神和学术成就给予极高的评价，称赞乃师"文辞训诂，集清儒之大成；内典玄言，阐晋唐之遗绪；博综兼擅，实命世之大儒"。可惜，黄侃死在章太炎之前，否则，他对章太炎的盖棺论定会更精彩。

1936 年章太炎去世后，国民政府发布"国葬令"，其文称章太炎"早岁以文字提倡民族革命，身遭幽系，义无屈挠。嗣后抗拒帝制，奔走拥法，备尝艰险，弥著坚贞。居恒研精经术，抉奥钩玄，究其诣极，有逾往哲，所至以讲学为重"。短短数语，对章太炎一生的革命经历、气节、学术都有所论及，评价还算公允。

章太炎的弟子对章太炎的评价就更高。汪东将章太炎视为立德、有功、绩学三者兼备的完人。许寿裳评价说：先师学术之大，前无古人。鲁迅把章太炎定位为"有学问的革命家"。

钱玄同则用一幅超长的挽联来概括章太炎的一生：

缵苍水、宁人、太冲、姜斋之遗绪而革命，蛮夷戎狄，矢志攘除，遭名捕七回，拘幽三载，卒能驱除客帝，光复中华，国土云亡，是诚宜勒石纪勋，铸铜立像；

萃庄生、荀卿、子长、叔重之道术于一身，文史儒玄，殚心研究，凡著书廿种，讲学卅年，期欲拥护民彝，发扬族性，昊天不吊，痛从此微言遽绝，大义无闻。

上联说的是章太炎的革命事业：继承张煌言、顾炎武、黄宗羲、王夫之的遗志，反清革命，终于光复中华，应立碑铸像纪念。下联说的是章太炎学术成就：汇集庄子、荀子、司马迁、许慎的学问于一身，著书二十种，讲学四十年，发扬华夏精神。

这幅114个字的挽联雅驯工整，寓意深刻，准确概括了章太炎一生的革命事业和学术成就，堪称一绝。

20世纪70年代，出于现实政治斗争的需要，章太炎被戴上"法家"的帽子，纳入"儒法斗争"的公式里被任意歪曲。当时，学术界最感兴趣的是章太炎属于什么派、代表哪个阶级。有人认为他属于"地主阶级反清派"，他的主要思想是汉族地主阶级的狭隘的反清民族主义或种族主义。有人认为是资产阶级民主主义者，那就应该属于资产阶级革命派。到了70年代末，有人认为章太炎的思想反映了资产阶级民主革命高潮中作为小生产者的封建农民的某些特征和某些方面，但不是代表整个农民阶级，而主要是自耕农以上的阶层，并不代表贫雇农。如此种种，不一而足。

进入20世纪80年代，对章太炎评价不断抬升，特别是对他的学术成就评价极高，而且有人已经注意到章太炎思想的世界性和现代意义。海外学者孙万国在《也谈章太炎与王阳明——兼论太炎思想的两个世界》一文中指出：他实在是一个心灵巨大、思想广博的近代奇人，然而他又不是一个生吞活剥、炫耀广博的庸俗学者。他在庞杂的吸收中，又有自成体系的建立。他既不迷古，也不媚外。在现代中国的黎明时期，他是批判传统最力的人，也同时是严肃地批判西方文化最早的人。在中国的格局内，章太炎继承并全新地发展了清代的学术，在世界思想史的格局内，章太炎则以一个东方的心灵，旁观地、独立地批判着19世纪的西方思想，预示并呼应着20世纪上半叶西方哲学思潮中主流的"反惟理主义"的来临。

"反惟理主义"运动乃是20世纪的西方有识之士对于先前偏颇的哲学所作的各种反省与转折的发展，那么，章太炎对于西方文明的思想基础所作的批判必然与他们会有"英雄所见略同"的地方。以往对于章太炎思想的论述，除少数学者外，大多只留意章太炎表现为国学大师的一面，而忽视了他与西方学术的关系，大多侧重于他的思想的民族性与传统性，而忽略了他的世界性与现代意义。毕竟章太炎是一个新旧交接阶段上的人物，又同时是一个中西交通阶段上的人物。章太炎的学术与哲学不仅是中华民族的遗产，也是人类共有的智慧。

长期以来，学术界倾向于认为章太炎晚年政治落伍、思想保守，但近年来评价有很大变化。台湾学者汪荣祖在《康章合论》一书中，极力为章太炎晚年的保守辩解，认为章太炎晚年的所谓保守是他一贯坚持的多元文化观所致，有相当的合理性。他指出：中国人在近代屈辱之后的自信心稍稍恢复，对文化的看法也渐能以理智替代感情，发现传统不能亦不必全部扬弃，甚至认识到部分传统的价值，以及创造具有中国特色现代文明的可能性。中国式的现代文明，将反映中国的历史经验与民族风格，而不必为别国示范，此正章炳麟所指引的路向。最近流行的一句口号"建设有中国特色的社会主义"，至少在思想趋向上是与章氏暗合的。一个世纪来中国一再模仿外国，总感格格不入，现在回头穿自己的鞋，走自己的路，不是一时心血来潮，而是付出了代价与牺牲的后知之明。我们据后知之明益见章氏思想光辉的一面。

对章太炎晚年提倡儒家道德，尊孔读经，现代学者亦有新的解读。张昭军在《儒学的近代之境——章太炎儒学思想研究》一书中对此评论道：章太炎等国学大师则深信，传统文化中含有深美的东西，具有生生不息的生命力，世道人心的堕落、传统文化的凋零是由于后人对传统文化的篡诬和曲解造成的，因此，他们对民族文化充满了强烈的热爱和坚定的信念，他们努力从固有文化中发掘出适合时代要求的文化精华。这种对传统文化的研究不是僵死守旧的，也是以指向未来为矢志，守旧的外壳下深隐着创新的心，迂回的形式包容着对传统文化严密的学术探求。即使时至今日，人们依然无法忽视儒家道德对于陶冶人的情操、铸就中华民族性格的积极一面，这便是证明。

进入 21 世纪，随着革命话语在社会实践中的逐渐淡出，中国思想界、学术界对革命的研究热情大为降低，对那些避开喧嚣的世界而固守冷僻书斋的纯粹学者，更为称颂和赞扬。姜义华对此有不同的看法，他在《章炳麟评传》中指出：章炳麟成为近代中国文化学术的巨人和宗师，在思想和学术上全面地开辟了一个新的时代，所体现的独立之精神和自由之思想决不弱于同时代任何一位文化保守主义者。应当说，首先就是因为他是一位有学问的革命家，是一位革命的学问家，他的独立之精神和自由之思想方才特别突出。革命与学问在他身上融为一体。章炳麟作为一位革命家、思想家、学者，他的建树不仅彪炳于20世纪中国史册，而且彪炳于整个中国革命史、中国思想史、中国学术史史册。

章太炎是中国近现代史上的一位奇人。论革命，奔走呼号，入狱坐牢，鼓吹宣传之功，当世无双；论气节，革命道德，口说身行，大难临头，从容慷慨，深得孔孟舍身成仁之精髓；论思想，敢破敢立，依自不依他，恢诡谲怪，夺人心魄；论学术，沟通古今，汇集中外，千枝万派，浩瀚无涯；论生活，特立独行，大智若愚，义侠风范，顽童秉性，随心发抒，天奈我何！章太炎既是一位革命家、思想家、学问家，又是一位独行侠、大情人、老顽童，是一位仰之弥高的巨人、一座钻之弥深的富矿，值得一代又一代的后来者敬仰和开掘。

附　录

年　谱

1869 年 1 月 12 日（同治七年十一月三十日）　生于浙江杭州府余杭县东乡仓前镇。初名学乘，后改名炳麟，字枚叔，号太炎。

1873 年（同治十二年）　入私塾就读。

1876 年（光绪二年）　接受外祖父朱有虔系统的文字音韵学教育。

1883 年（光绪九年）　参加县试，因患眩厥症，没有考成。从此放弃科举，广泛涉猎经史子集。

1890 年（光绪十六年）　父章濬去世，遵父遗训，进诂经精舍从俞樾学习。

1891 年（光绪十七年）　开始撰写《膏兰室札记》。阅读西学书籍。

1892 年（光绪十八年）　开始撰写《春秋左传札记》。纳妾王氏。

1895 年（光绪二十一年）　加入康有为在沪设立的上海强学会。

1896 年（光绪二十二年）　撰成《春秋左传读》及《驳箴膏肓评》等。

1897 年（光绪二十三年）　离诂经精舍赴沪，任《时务报》撰述。返杭，与宋恕等成立"兴浙会"，创办《经世报》，为《实学报》和《译书公会报》撰稿。

1898 年（光绪二十四年）　上书李鸿章。受张之洞之邀，赴武昌筹办《正学报》，很快离去，后在沪任《昌言报》主笔。戊戌变法失败后，躲避清政府迫害，避难台湾，任台北《台湾日日新报》特约撰述。

1899 年（光绪二十五年）　与康有为、梁启超等书信往来，在梁启超主编的《清议报》上发表诗文。应梁启超之邀，东渡日东，与孙中山相识。不久回国。辑订《訄书》初刻本。

1900 年（光绪二十六年）　因列名反对废黜光绪皇帝的通电，又被通缉。断发以示与清廷决裂。参加唐才常发起的中国议会。自立军失败后，又一次被指名追捕。

1901 年（光绪二十七年）　往苏州东吴大学任教。发表《正仇满论》批判梁启超《积弱溯源论》。

1902 年（光绪二十八年）　为躲避追捕，东渡日本，与梁启超、孙中山相会。发起举行"支那亡国二百四十二年纪念会"。返回杭州，删定《訄书》。

1903 年（光绪二十九年）　在上海爱国学社任教，结识邹容。为邹容的《革命军》作序，并发表《驳康有为论革命书》。《苏报》案发生，被捕入狱。

1904 年（光绪三十年）　章太炎被判刑三年，邹容被判刑两年。在狱中开始研读佛经。《訄书》重印本在日本出版。

1905 年（光绪三十一年）　邹容死于狱中。

1906 年（光绪三十二年）　出狱，东渡日本，加入同盟会，主办《民报》。举办国学讲习会，作《论语言文字之学》《论诸子学》等讲演。

1907 年（光绪三十三年）　继续主编《民报》。因《民报》经费问题与孙中山发生矛盾。与张继、刘师培等在日本东京成立亚洲和亲会，主张"反对帝国主义而自保其邦族"。

1908 年（光绪三十四年）　为留学生开设讲座，讲授《说文》《庄子》《楚辞》《尔雅》等。又为周树人、周作人、朱希祖、钱玄同等单独开设一班，另行讲授。10 月，《民报》因宣传革命被封禁。

1909 年（宣统一年）　在东京继续讲学。因《民报》复刊和筹款等事与孙中山发生尖锐冲突。

1910 年（宣统二年）　与陶成章等在东京重组光复会，章太炎任会长。创办《教育今语》杂志作为机关报，与同盟会正式分裂。

1911 年（宣统三年）　回上海。倡导"革命军兴，革命党消，天下为公，乃可有济"。

1912 年　中华民国联合会在上海宣告成立，被选为会长。孙中山致函章太炎为枢密顾问。中华民国联合会改名统一党，后又与民社等合并为共和党。任东三省筹边使。

1913年　在长春筹边使署办公，不久回上海。与汤国梨举行婚礼。不久入京被监视。发表《驳建立孔教议》，反对定孔教为国教。在共和党本部开办国学会，讲经学、史学、小学等。

1914年　只身一人赴总统府求见袁世凯，被拘禁。绝食七八天。修订《訄书》，改名为《检论》。因同住的黄侃被强制迁出，再度绝食。

1915年　继被幽禁。口述、吴承仕笔述整理成《菿汉微言》。自述"平生学术，始则转俗成真，终乃回真向俗"。

1916年　恢复自由，抵上海，受到热烈欢迎。出国赴南洋考察，年底回国。

1917年　在上海发起亚洲古学会。孙中山在广州成立护法军政府，章太炎被任为护法军政府秘书长。

1918年　在重庆等地讲学。归抵上海。

1919年　在沪组织护法后援会。反对南北议和。《章氏丛书》浙江图书馆刊本问世。

1920年　身患黄疸，热病大作，几死。发表《联省自治虚置政府议》，提倡"联省自治"。

1921年　发表与各省区自治联合会电，主张各省自治为第一步。《太炎学说》上下卷由四川观鉴庐出版。《章太炎的白话文》出版。

1922年　应江苏教育会之邀，主讲国学。讲演记录有曹聚仁《国学概论》、张冥飞《章太炎先生国学讲演集》两个版本。

1923年　反对直系军阀武力统一。《华国月刊》在上海创刊，任社长，欲发扬"国故"，挽救"人心"。

1924年　中国国民党第一次全国代表大会召开，实现国共合作。发表《护党救国宣言》，反对国共合作。《章氏丛书》上海古书流通处印本出版。

1925年　孙中山逝世，撰文祭悼。"五卅"运动爆发，发表通电，主张废除租界之名。

1926年　在上海组织"反赤救国大联合"，任理事，发表《反赤救国大联合会宣言》。应五省联军总司令孙传芳、江苏省长陈陶遗聘请，到南京任修订礼制会会长。通电全国，反对蒋介石组织北伐。

1927年　被上海市党部临时执委会指名为第一号学阀，被通缉。隐居同孚路赁寓，治宋明儒学。

1928年　写《自定年谱》。在招商局轮船公司招待会上抨击国民党以党治国，国民党上海市党务指导委员会要求按照惩戒反革命条例对章太炎加以通缉。

1929年　终年闭门谢客，对国事、学术俱保持缄默。

1930年　撰《春秋疑义答问》。

1931年　"九一八"事变后，通信中多次议论时事，对蒋介石、张学良拱手将奉、吉让予日本不满。

1932年　与熊希龄、马相伯等组织中华民国国难救援会，通电要求各派联合，收复失地。在北京会见张学良、吴佩孚，坚持对日唯有一战。在北京大学、燕京大学、北京师范大学演讲。离京赴济南，至青岛，在青岛大学等处演讲。赴苏州讲学，讲《大学大义》《儒行要旨》。

1933年　与马相伯等联合发表宣言，反对日本侵占东北。发表呼吁抗日电，批评国民政府成立以来勇于私斗，怯于公战。赴无锡国学专门学校讲演，提倡读史。《章氏丛书续编》于北京发行。

1934年　由上海迁居苏州。因与原苏州国学会旨趣不同，另创章氏国学讲习会。

1935年　蒋介石派丁维汾慰问，并致万元为医疗费，章太炎即将此款移作章氏国学讲习会经费。开办章氏星期讲演会，讲演均记录出版。章氏国学讲习会正式开办。《制言》半月刊创刊，任主编。北京爆发"一二·九"运动，致电宋哲元善待学生。

1936年　讲授《小学略说》《经学略说》《史学略说》《诸子学略说》，俱有讲演记录刊行。续讲《尚书》。6月14日，在苏州病逝，享年69岁。

主要著述

1.《膏兰室札记》，1893 年。

2.《明独》，1894 年。

3.《春秋左传读》，1896 年。

4.《变法箴言》，1897 年。

5.《儒术真论》，1899 年。

6.《视天论》，1899 年。

7.《菌论》，1899 年。

8.《訄书》，1900 年。

9.《正仇满论》，1901 年。

10.《谢本师》，1901 年。

11.《支那亡国二百四十二年纪念会书》，1902 年。

12.《社会学》，1902 年。

13.《革命军序》，1903 年。

14.《驳康有为论革命书》，1903 年。

15.《原学》，1904 年。

16.《序种姓》，1904 年。

17.《訄书》（修订本），1904 年。

18.《东京留学生欢迎会演说辞》，1906 年。

19.《俱分进化论》，1906 年。

20.《无神论》，1906 年。

21.《革命之道德》，1906 年。

22.《建立宗教论》，1906 年。

23.《民报》，一周年纪念会演说辞，1906 年。

24.《箴新党论》，1906 年。

25.《人无我论》，1906 年。

26.《国学讲习会略说》，东京秀光社，1906 年。

27.《春秋左传读叙录》，1907 年。

28.《新方言》，1907 年。

29.《讨满洲檄》，1907 年。

30.《社会通诠商兑》，1907 年。

31.《答铁铮》，1907 年。

32.《中华民国解》，1907 年。

33.《五无论》，1907 年。

34.《国家论》，1907 年。

35.《刘子政左氏说》，1908 年。

36.《排满平议》，1908 年。

37.《驳中国用万国新语说》，1908 年。

38.《规新世纪》，1908 年。

39.《四惑论》，1908 年。

40.《代议然否论》，1908 年。

41.《古音娘日二纽归泥说》，1908 年。

42.《伪〈民报〉检举状》，1909 年。

43.《庄子解诂》，1909 年。

44.《小学问答》，1909 年。

45.《原儒》，1909 年。

46.《国故论衡》，东京秀光社，1910 年。

47.《齐物论释》，1910 年。

48.《致满洲留日学生书》，1911 年。

49.《中华民国联合会第一次大会演说辞》，1912 年。

50.《布告反对汉冶萍抵押真相》，1912 年。

51.《致南京参议会论建都书》，1912 年。

52.《驳黄兴主张南都电》，1912 年。

53.《东省实业计划书》，1913 年。

54. 《稽勋意见书》，1913 年。

55. 《驳建立孔教议》，1913 年。

56. 《示国学会诸生》，1913 年。

57. 《文始》，1913 年。

58. 《自述学术次第》，1913 年。

59. 《与龚未生书》，1914 年。

60. 《章太炎文钞》，上海中华图书馆，1914 年。

61. 《庄子解故》，1914 年。

62. 《检论》，1914 年。

63. 《菿汉微言》，1915 年。

64. 《章氏丛书》，上海右文社，1915 年。

65. 《太炎最近文录》，上海国学书室，1915 年。

66. 《章氏丛书》，浙江图书馆校刊本，1919 年。

67. 《联省自治虚置政府议》，1920 年。

68. 《太炎教育谈》，四川观鉴庐，1920 年。

69. 《太炎学说》，四川观鉴庐，1921 年。

70. 《章太炎的白话文》，泰东图书馆，1921 年。

71. 《国学讲演记录》，《申报》1922 年。

72. 《国学概论》，曹聚仁编，上海泰东图书馆，1922 年。

73. 《章太炎先生国学讲演集》，张冥飞笔述，平民印书局，1922 年。

74. 《章太炎尺牍》，上海文明书局，1922 年。

75. 《华国月刊发刊辞》，1923 年。

76. 《清廷国别记》，1924 年。

77. 《猝病新论》，1924 年。

78. 《章氏丛书》，上海古书流通处，1924 年。

79. 《祭孙公文》，1925 年。

80. 《反赤救国大联合宣言》，1926 年。

81. 《太炎先生自定年谱》，1928 年。

82.《与孙思昉论时事书》，1931年。

83.《致马宗霍书》，1931年。

84.《书十九路军御日本事》，1932年。

85.《论今日切要之学》，1932年。

86.《章氏丛书续编》，1933年。

87.《菿汉昌言》，1933年。

88.《国学之统宗》，1933年。

89.《历史之重要》，1933年。

90.《与马相伯、沈恩孚联合宣言》，1933年。

91.《白话与文言之关系》，1935年。

92.《论读经有利而无弊》，1935年。

93.《论读史之利益》，1935年。

94.《答张季鸾问政书》，1935年。

95.《章氏星期讲演会记录》，王謇等记录，1935年。

96.《章氏国学讲习会讲演记录》，王乘六等记录，1935、1936年。

97.《章校长太炎医学遗著特辑》，1936年。

98.《章太炎先生家书》，汤国梨编，上海古籍出版社，1985年。

99.《太炎先生自定年谱》，上海书店，1986年影印本年。

100.《章太炎全集》（1~8集），上海人民出版社，1982至1994年。

参考书目

1. 汤志钧编：《章太炎政论选集》（上下册），中华书局，1977年。

2. 汤志钧编：《章太炎年谱长编》（上下册），中华书局，1979年。

3. 朱维铮、姜义华编注：《章太炎选集》，上海人民出版社，1981年。

4.《章太炎全集》（1~8集），上海人民出版社，1982~1994年。

5. 李泽厚：《中国近代思想史论》，人民出版社，1979年。

6. 姜义华：《章太炎思想研究》，上海人民出版社，1985年。

7. 唐文权、罗福惠：《章太炎思想研究》，华中师范大学出版社，1986年。

8. 章念驰编：《章太炎生平与思想研究文选》，浙江人民出版社，1986年。

9. 章念驰编：《章太炎生平与学术》，生活·读书·新知三联书店，1988年。

10. 陈崧编：《五四前后东西文化问题论战文选》，中国社会科学出版社，1989年。

11. 张岂之、陈国庆：《近代伦理思想的变迁》，中华书局，1993年。

12. 姜义华：《章太炎评传》，百花洲文艺出版社，1995年。

13. 徐立亭：《章太炎》，哈尔滨出版社，1996年。

14. 陈平原、杜玲玲编：《追记章太炎》，中国广播电视出版社，1997年。

15. 章太炎讲演，曹聚仁整理：《国学概论》，上海古籍出版社，1997年。

16. 郑师渠：《晚清国粹派文化思想研究》，北京师范大学出版社，1997年。

17. 傅杰编：《章太炎》，上海三联书店，1997年。

18. 陈平原：《中国现代学术之建立——以章太炎、胡适为中心》，北京大学出版社，1998年。

19. 王森然：《近代名家评传》（初集），三联书店，1998年。

20. 萧公权：《中国政治思想史》，辽宁教育出版社，1998年。

21. 陶绪、史革新：《章太炎》，湖北教育出版社，1999年。

22. 章太炎著，倪伟选编：《章太炎生平与学术自述》，江苏人民出版社，1999年。

23. 徐复：《訄书详注》，上海古籍出版社，2000年。

24. 顾颉刚：《我与古史辨》，上海文艺出版社，2001年。

25. 姜义华：《章炳麟评传》，南京大学出版社，2002年。

26. 张昭军：《儒学的近代之境——章太炎儒学思想研究》，社会科学文献出版社，2002年。

27. 周维强：《钱玄同传》，浙江人民出版社，2003年。

28. 许寿裳：《章炳麟传》，团结出版社，2004年。

29. 王玉华：《多元视野与传统的合理化——章太炎思想的阐述》，中国社会科学出版社，2004年。

30. 章太炎撰：《国故论衡》，上海世纪出版集团，2006 年。

31. 汪荣祖：《康章合论》，新星出版社，2006 年。

32. 章太炎著，张昭军编：《章太炎讲国学》，东方出版社，2007 年。

33. 秦燕春考释：《历史的重要——章太炎卷》，山东文艺出版社，2006 年。

34. 张春香：《章太炎主体性道德哲学研究》，中国社会科学出版社，2007 年。

35. 陈存仁：《阅世品人录——章太炎家书及其他》，广西师范大学出版社，2008 年。